21 世纪高等职业教育财经类规划教材

财 务 会 计 类

工业和信息化高职高专"十二五"
规划教材立项项目

财经基本技能与出纳实务

Basic Financial Skills and Cashier Practice

◎ 谢小春 主编　◎ 李莉 张流柱 副主编

人民邮电出版社

北 京

图书在版编目（ＣＩＰ）数据

财经基本技能与出纳实务 / 谢小春主编. -- 北京：
人民邮电出版社，2015.8（2016.9 重印）
  21世纪高等职业教育财经类规划教材. 财务会计类
  ISBN 978-7-115-39512-2

  Ⅰ. ①财… Ⅱ. ①谢… Ⅲ. ①会计－高等职业教育－
教材②出纳－会计实务－高等职业教育－教材 Ⅳ.
①F23

中国版本图书馆CIP数据核字(2015)第130797号

内 容 提 要

本书以任务驱动的形式编写。全书共七个模块，包括课程认知、财会书写、点钞与验钞、电子计算工具应用、五笔字型中文输入、库存现金业务处理和银行结算业务处理。重点放在为解决会计工作岗位实际问题所必需的实用知识和技能上，突出了工作流程的步骤与业务处理的技能。力求充分体现技术技能性、实践应用性、工作过程系统性、理实一体和知行合一等职业教育特色。

本书可作为高等职业教育相关课程的教材，也可作为财会人员的岗位培训教材，还可作为财会工作者和经营管理人员的参考用书。

◆ 主　　编　谢小春
　　副 主 编　李　莉　张流柱
　　责任编辑　李育民
　　责任印制　杨林杰

◆ 人民邮电出版社出版发行　　北京市丰台区成寿寺路 11 号
　　邮编　100164　　电子邮件　315@ptpress.com.cn
　　网址　http://www.ptpress.com.cn
　　三河市中晟雅豪印务有限公司印刷

◆ 开本：787×1092　1/16
　　印张：13　　　　　　　　　2015 年 8 月第 1 版
　　字数：290 千字　　　　　　2016 年 9 月河北第 4 次印刷

定价：32.00 元

读者服务热线：(010) 81055256　印装质量热线：(010) 81055316
反盗版热线：(010) 81055315
广告经营许可证：京东工商广字第 8052 号

　　"财经基本技能与出纳实务"是一门实践性和操作性很强的课程，是高职高专会计、审计、财务管理、金融等财经类专业的必修课。通过该课程的学习，学生可以全面掌握会计人员必备的基本技能以及出纳岗位的实务操作技能，同时培养学生的会计职业能力，养成良好的职业素养。

　　本书是长沙商贸旅游职业技术学院 2015 年湖南省会计示范性特色专业项目建设验收成果；依据前期的企业会计、出纳、银行柜员等岗位能力调研分析，确定了与实际工作岗位最为贴近的七个教学模块，按照高等职业教育"教、学、做"一体化的教学要求，坚持"理论够用为度"的教学设计原则，将优质的教学成果融入教材建设，突出高职教育的"职业性、实践性、开放性"等特点，注重培养满足岗位要求的高素质财经类专业技术技能型人才。

　　本书是由长沙商贸旅游职业技术学院、长沙民政职业技术学院、厦门网中网有限公司校企联合开发，编写队伍主要由高职院校双师型教师以及企业专家组成。长沙商贸旅游职业技术学院谢小春任主编，长沙商贸旅游职业技术学院李莉和长沙民政职业技术学院张流柱任副主编，编写具体分工如下：谢小春编写了模块一，李莉编写了模块二和模块三，张维编写了模块四和模块五，涂思思编写了模块六，田金花编写了模块七。

　　本书在编写的过程中得到了学院内外学者专家的帮助，在此表示感谢。在编写中参阅、借鉴了大量会计技能与出纳实务方面的著作和教材等文献资料，在此谨向所有文献的作者致谢。由于编者水平有限，书中难免存在错误和不妥之处，敬请广大读者批评指正。

编　者
2015年5月

模块一　课程认知 ……………………………… 1

【学习目标】 ……………………………………… 1

案例导入 ………………………………………… 1

一、财经基本技能认知 …………………………… 2

（一）财经基本技能的内容 …………………… 2

（二）财经基本技能的作用 …………………… 3

能力训练 ………………………………………… 4

二、出纳岗位认知 ………………………………… 4

（一）什么是出纳 ……………………………… 4

（二）怎样设置出纳机构 ……………………… 4

（三）怎样配备出纳人员 ……………………… 5

（四）出纳岗位的职责和权限有

哪些 ……………………………………… 5

（五）出纳工作有什么特点 …………………… 7

（六）出纳人员应具备哪些素质 ……………… 7

（七）出纳人员应该遵守哪些职业

道德 ……………………………………… 9

（八）与出纳岗位有关的内部控制

制度有哪些 ……………………………… 11

（九）出纳岗位与会计岗位的关系

如何 ……………………………………… 12

能力训练 ……………………………………… 13

模块二　财会书写 ……………………………… 15

【学习目标】 …………………………………… 15

【用品准备】 …………………………………… 15

一、小写金额书写 ……………………………… 15

案例导入 ……………………………………… 15

（一）阿拉伯数字的书写要求 ……………… 16

（二）阿拉伯数字的书写示范 ……………… 17

（三）小写金额的书写 ……………………… 17

（四）错字的订正 …………………………… 18

（五）典型任务举例 ………………………… 19

能力训练 ……………………………………… 20

二、财会中文书写 ……………………………… 23

案例导入 ……………………………………… 23

（一）中文大写数字书写 …………………… 24

（二）票据日期的中文大写 ………………… 25

（三）典型任务举例 ………………………… 25

能力训练 ……………………………………… 26

技能考核参考标准 ……………………………… 31

模块三　点钞与验钞 …………………………… 32

【学习目标】 …………………………………… 32

【用品准备】 …………………………………… 32

一、点钞 ………………………………………… 32

案例导入 ……………………………………… 32

（一）认知手工点钞 ………………………… 33

（二）手持式点钞——单指单张

点钞 …………………………………… 35

（三）手持式点钞——多指多张

点钞 …………………………………… 41

（四）手持式点钞——扇面式一指多张

点钞 …………………………………… 43

（五）手持式点钞——扇面式多指多张

点钞 …………………………………… 44

（六）手按式点钞 …………………………… 44

（七）机器点钞 ……………………………… 48

（八）硬币整点 ……………………………… 52

（九）捆钞 …………………………………… 54

（十）典型任务举例 ……………56

能力训练 ……………………57

二、验钞 …………………57

案例导入 ……………………57

（一）人民币沿革 …………58

（二）纸币识假 ……………64

（三）硬币识假 ……………73

（四）挑剔与兑换残损人民币 ……74

（五）典型任务举例 ………75

能力训练 ……………………77

技能考核参考标准 ……………78

模块四　电子计算工具应用 ……80

【学习目标】 …………………80

【用品准备】 …………………80

一、电子计算器和小键盘的使用 ……80

案例导入 ……………………80

（一）电子计算器基本知识 …81

（二）电子计算器的按键指法 …82

（三）电子计算器传票翻打 …83

（四）计算机小键盘的使用 …84

（五）典型任务举例 ………85

能力训练 ……………………86

二、金融计算器的使用 ………86

案例导入 ……………………86

（一）金融计算器基本知识 …87

（二）货币时间价值基础知识 …87

（三）金融计算器操作 ………88

（四）典型任务举例 ………89

能力训练 ……………………93

技能考核参考标准 ……………93

模块五　五笔字型中文输入 ……94

【学习目标】 …………………94

【用品准备】 …………………94

一、认识汉字和字根 …………94

案例导入 ……………………94

（一）汉字的层次和五种笔画 …95

（二）字根和键盘分布 ………96

（三）汉字的字根结构 ………97

（四）汉字的字形结构 ………98

（五）典型任务举例 ………99

能力训练 ……………………99

二、拆分和输入汉字 …………99

案例导入 ……………………99

（一）汉字拆分原则 …………99

（二）末笔字型识别码 ………100

（三）汉字编码输入原则 ……101

（四）简码输入规则 …………102

（五）词组的取码和输入 ……103

（六）容错码和万能键 ………104

（七）典型任务举例 ………104

能力训练 ……………………104

技能考核参考标准 ……………105

模块六　库存现金业务处理 ……106

【学习目标】 …………………106

【用品准备】 …………………106

一、现金收付业务处理 ………106

案例导入 ……………………106

（一）认知库存现金 …………107

（二）库存现金管理 …………107

（三）库存现金收入 …………109

（四）库存现金支付 ……………… 110

（五）典型任务举例 ……………… 110

　　能力训练 ……………………… 115

二、现金存取业务处理 …………… 121

　　案例导入 ……………………… 121

（一）库存现金送存 ……………… 121

（二）库存现金支取 ……………… 122

（三）典型任务举例 ……………… 124

　　能力训练 ……………………… 126

三、库存现金清查 ………………… 129

　　案例导入 ……………………… 129

（一）库存现金清查 ……………… 129

（二）库存现金短缺及溢余处理 … 129

（三）典型任务举例 ……………… 130

　　能力训练 ……………………… 133

模块七　银行结算业务处理 ……… 138

【学习目标】 ……………………… 138

【用品准备】 ……………………… 138

一、银行结算账户管理 …………… 138

　　案例导入 ……………………… 138

（一）银行结算账户认知 ………… 139

（二）银行结算账户开立与使用 … 139

（三）银行印鉴启用 ……………… 141

（四）典型任务举例 ……………… 141

　　能力训练 ……………………… 143

二、支票业务办理 ………………… 145

　　案例导入 ……………………… 145

（一）支票认知 …………………… 145

（二）现金支票业务处理程序 …… 148

（三）转账支票付款业务办理 …… 149

（四）转账支票收款业务办理 …… 152

　　能力训练 ……………………… 153

三、银行汇票业务办理 …………… 154

　　案例导入 ……………………… 154

（一）银行汇票认知 ……………… 155

（二）银行汇票付款业务办理 …… 157

（三）银行汇票收款业务办理 …… 160

　　能力训练 ……………………… 161

四、银行本票业务办理 …………… 162

　　案例导入 ……………………… 162

（一）银行本票认知 ……………… 162

（二）银行本票付款业务办理 …… 163

（三）银行本票收款业务办理 …… 165

　　能力训练 ……………………… 165

五、商业汇票业务办理 …………… 167

　　案例导入 ……………………… 167

（一）商业汇票认知 ……………… 167

（二）商业承兑汇票付款
　　　业务办理 …………………… 170

（三）商业承兑汇票收款
　　　业务办理 …………………… 172

（四）银行承兑汇票付款业务
　　　办理 ………………………… 173

（五）银行承兑汇票收款业务
　　　办理 ………………………… 177

　　能力训练 ……………………… 177

六、汇兑业务办理 ………………… 179

　　案例导入 ……………………… 179

（一）汇兑结算认知 ……………… 179

（二）汇兑业务处理 ……………… 182

　　能力训练 ……………………… 183

目　录

七、委托收款业务办理·············184

案例导入·············184

（一）委托收款结算认知·············184

（二）委托收款业务办理·············186

能力训练·············187

八、托收承付业务办理·············188

案例导入·············188

（一）托收承付结算认知·············188

（二）托收承付业务办理·············188

能力训练·············190

九、银行存款清查·············191

案例导入·············191

（一）银行存款清查的概念、方法和
步骤·············191

（二）银行存款日记账与银行对账单的
核对·············192

能力训练·············194

附录　五笔字型难拆的字、容易拆错的字
及部分特殊字总表·············197

参考文献·············200

模块一

课程认知

【学习目标】

1. **知识目标：** 了解常用的会计基本技能的主要内容，并明确其作用；熟悉出纳的含义及出纳工作的特点和组织形式；熟悉出纳岗位的职责和权限及出纳人员应具备的职业道德；熟悉与出纳岗位有关的内部控制制度。

2. **能力目标：** 能理解会计基本技能的重要性，并内化成学习的动力；能对出纳工作及出纳从业人员有全面的了解，并对出纳工作的重要性、严肃性有正确认识，理解会计与出纳的关系；熟悉出纳人员应具备的素质及职业道德并内化成职业素养。

3. **情感目标：** 培养认真、严谨的工作态度；培养强烈的工作责任心和正确的职业道德观。

 案例导入

某公司财务实习生培训计划

长沙明天公司财务部新近招聘了一个刚刚毕业的大学生，拟任出纳工作。按照公司规定，在正式入职前必须接受职前培训，其中一项内容是关于会计基本技能和出纳业务培训，主要包括财会书写、点钞、识钞、验钞、计算器和计算机小键盘快速录入，中文快速录入等基本技能；各种银行结算方式包括支票、银行本票、银行汇票、商业汇票、汇兑、委托收款、托收承付的业务处理训练；现金收、付业务处理能力训练及与出纳有关的账簿启用和登记。

> **思考**
>
> 除出纳岗位外，会计岗位工作人员是不是也需要具备上述技能？并请说说上述会计基本技能通常会在哪些情况下需要使用？

本教材包括财经基本技能与出纳实务两部分。财经基本技能部分主要包括财经工作人员应掌握的一些常见基本技能，如财会规范书写、点钞和验钞、电子计算工具的使用、中文快速输入等；出纳实务部分主要包括对出纳岗位的认知以及各种支付结算方式的选用、办理等技能。

一、财经基本技能认知

（一）财经基本技能的内容

1. 财会书写技能

财会书写主要包括数字的大、小写，票据日期的大写等。数字的规范书写事关会计信息的真实性、准确性，是财经工作者的一项基本功，对会计人员来说尤为重要。会计数字书写技能要求熟悉会计数字的书写规范及要点，并能清晰、流畅、规范、整洁地书写，一旦发生差错，应严格按规定要求进行改错。

财经工作常用的数字有两种，一种是阿拉伯数字，另一种是中文大写数字。通常将用阿拉伯数字表示的金额数字称为"小写金额"，用中文大写数字表示的金额数字称为"大写金额"。

2. 点钞、验钞技能

点钞技能，即票币整点技术，是财经类专业学生应该掌握的一项基本技能，也是各单位会计人员，尤其是现金出纳人员必须具备的一项基本功。点钞技能要求学生掌握手工点钞的工序与基本要求、钞票的整理与捆扎方法、手持式单指单张点钞法、手持式单指多张点钞法、手持式四指四张点钞法、手按式单指单张点钞法、手按式多指多张点钞法等。

验钞鉴别技能要求学生掌握正确识别人民币的方法，包括假币的种类、假币的主要特征、真假货币的鉴别方法、第五套人民币的防伪特征、假币的处理等。

点钞方法分为手工点钞法和机器点钞法，验钞方法分为人工鉴别法和机器检测法。机器点钞与验钞的方法比较简单，手工点钞法和人民币人工鉴别法为本课程的重点学习内容。

3. 电子计算工具使用技能

电子计算工具包括电子计算器和计算机数字小键盘计算。

电子计算器是一种进行数字运算的、多种功能的小型计算机器，具有自动化程度高、运算速度快、计算精确度高、携带方便等特点。本课程介绍两种计算器的使用，一种是普通计算器，其计算功能较少，只能进行一般的加、减、乘、除四则运算，主要是为会计类专业学生提供教学；另一种是金融计算器，主要针对金融、投资理财专业的学生教学。

计算机数字小键盘操作是各类企事业单位财会人员在微机录入过程中经常应用的技能。输入的速度和准确性如何，直接影响工作效率和效果。小键盘数字录入技能要求学生熟练使用小键盘，包括指法、速度、正确率、操作方法等。

4．中文输入法

中文输入的方法很多，根据编码原理通常可归纳为四大类，即音码、形码、音形码以及顺序码等。每类输入法又有许多具体的编码方法，日常生活中常用的有属于音码的拼音输入法和属于形码的五笔字型输入法等。拼音法输入法虽然简单，但因同音字太多而造成的重码现象非常严重，影响其输入速度，本课程介绍五笔字型输入法，基本可以克服这一缺点。

（二）财经基本技能的作用

1．正确反映会计以及其他经济信息，为各方面进行经济决策提供准确服务

经济越发展，会计越重要。数字书写的质量在一定程度上反映了会计工作的质量。按照规范化要求的数字，既能够使账证、报表资料一目了然，便于汇总和分析，又能够防止数字被篡改，从而加强会计基础工作，提高会计工作质量，充分发挥会计在经济管理中的重要作用。

2．准确快速地完成各种经济计算，充分发挥会计基本技能的基础作用

经济业务发生后，根据各种原始凭证，编制记账凭证，登记入账后，还要定期进行结算，以结算出本期发生额和期末余额，根据各种账簿资料编制会计报表时有些项目还要进行调整计算。从经济业务的发生到及时编制会计报表，都需要快速准确计算，而上述各种计算均可通过传统计算方法（珠算、珠心算、简易心算等）或计算工具来完成。

3．方便货币流通，维护金融秩序，促进社会主义经济建设

人民币作为我国的法定货币，是国家政权的象征之一，在我国社会主义建设中发挥着重要作用。随着社会主义市场经济的发展，货币流通量逐渐扩大，也出现了不当使用，甚至损害人民币的行为，伪造、变造假币等扰乱金融秩序的现象也时有发生。无论从维护人民币的形象，还是从方便流通使用的角度，都应当爱护并正确使用人民币，对破坏金融秩序的行为做坚决的斗争。为此，财会人员必须熟练掌握点钞技术（手工点钞、机器点钞），并学会鉴别真假人民币的方法（人工鉴别法和机器检测法）。

4．可以挖掘劳动潜力，提高工作效率，搞好优质服务

会计基本技能充分考虑到各个行业、各类人员的不同需要，既可采用传统的计算（点钞、验钞）方法，又可采用现代的计算（点钞、验钞）方法，还可采用简易心算法计算，这样可以充分挖掘劳动潜力，提高工作效率，并能搞好优质服务。

5．可以增强人的思维活动，锻炼人的意志，培养职业能力和创新能力

会计基本技能特别强调眼、手、脑并用，可以训练敏锐的目光扫视、灵活的手指动作、高强的记忆能力、紧张的脑力活动，从而促进认得思维发展，锻炼人的意志，培养人的注意力、观察力，提高人的分析力、判断力，培养创新能力、创业能力和实践能力。

能力训练

简答题

（1）请说说会计财经基本技能通常包括哪些？

（2）财经基本技能有哪些作用？

二、出纳岗位认知

（一）什么是出纳

出纳作为会计名词，就内容来看，至少包括两层意思：一是出纳工作，二是出纳人员。

1．出纳工作

出纳工作是管理货币资金、票据、有价证券的收入和支出的一项工作。具体来说，出纳就是按照国家现金管理的相关规定和制度，办理现金支付、银行结算及相关账务，保管库存现金、有价证券、财务印章及有关票据等工作的总称。从广义上讲，只要是涉及票据、货币资金和有价证券的收付、保管、核算就属于出纳工作的范围。从狭义上讲，出纳工作仅指各单位会计部门专设出纳岗位或人员的各项工作。

2．出纳人员

出纳人员通常简称出纳。从广义上讲，出纳人员既包括会计部门的出纳工作人员，也包括业务部门的各类收银员。从各类收银员的工作内容、方法、要求，以及本身应具备的素质等方面来看，他们与会计部门的专职出纳工作都有很多相同之处，因此同样属于出纳人员的范畴。狭义的出纳人员仅指会计部门的出纳人员。

无论是出纳人员还是各类收款人员，他们的主要工作都是填制和审核原始凭证、办理货币资金和各种票据的收入，保证自己经手的货币资金和票据安全与完整；他们除了要有过硬的出纳业务知识外，还必须具备良好的财经法纪素养和职业道德修养。但会计部门的出纳人员与收银员也有不同之处：收银员一般工作在经济活动的第一线，各种票据和货币资金的收入，特别是货币资金的收入，通常是由他们转交给专行核算。所以，也可以说，收银员是出纳机构的派出人员，他们是各单位出纳队伍中的一员，他们的工作是整个出纳工作的一部分。

企业的日常经营与货币资金的收付直接相关。为了加强货币资金的管理，提高货币资金的使用效率，保证货币资金的安全完整，任何单位都应该根据实际情况设置出纳岗位，配备专职的出纳人员，专门负责货币资金的保管、收支和结算，随时掌握资金的收支和结存情况。

（二）怎样设置出纳机构

出纳岗位具体的组织内容会因各个单位的实际情况有所不同，但无论是哪一种形式，一般都应设置合理的出纳机构，配备必要的出纳人员，并建立各种有关的规章制度。

出纳机构一般设置在会计机构内部，如企、事业单位的财务部、财务处、财务科都设置有专门的出纳组、出纳室等。

《中华人民共和国会计法》（以下简称《会计法》）第二十一条第一款规定："各单位根据会计业务的需要设置会计机构，或者在有关机构中设置会计人员并指定会计主管人员。不具备条件的，可以委托经批准设立的会计咨询、服务机构进行代理记账。"《会计法》对各单位会计、出纳机构与人员的设置没有做出硬性规定，只是要求各单位根据业务需要来设定。各单位可根据单位规模大小和货币资金管理的要求，结合出纳工作的繁简程度来设置出纳机构。

以工业企业为例，大型企业可在财务处下设出纳科，中型企业可在财务科下设出纳室，小型企业可在财务股下配备专职出纳员。有些主管公司，为了资金的有效管理和总体利用效益，把若干分公司的出纳业务（或部分出纳业务）集中起来办理，成立专门的内部"结算中心"，这种"结算中心"，实际上也是出纳机构。

（三）怎样配备出纳人员

合理地设置出纳机构，是保证出纳工作顺利进行的基础。我国《会计法》对设置出纳机构和配备出纳人员没有做出硬性规定，各单位可以根据自身特点、规模大小和业务繁简来自行设置。出纳机构一般设置在会计机构内部，规模小的单位也可在其他部门设置一名兼职出纳人员。

出纳人员设置也要以业务需要为原则，既要满足出纳工作量的需要，符合内部牵制原则，又要避免人浮于事的现象。一般可以采取一人一岗、一人多岗、多岗一人等几种形式。

一人一岗：规模不大的单位，出纳工作量不大，可设专职出纳人员一名，这是最为常见的形式。

一人多岗：规模较小的单位，特别是那些无条件单独设置会计机构的单位，至少要在其他机构中（如后勤部门）配备兼职出纳人员一名，但兼职出纳人员不得兼管收入、费用、债权、债务账簿的登记及稽核工作和会计档案的保管工作。

多人一岗：规模较大的单位，出纳工作量较大，可设多名出纳人员，分别负责不同的出纳工作。

（四）出纳岗位的职责和权限有哪些

出纳是会计工作的重要环节，其业务涉及企业的现金收付、银行结算等活动，直接关系到个人、单位乃至国家的经济利益，一旦出现差错，就会造成不可挽回的损失。因此，明确出纳人员的职责和权限，是做好出纳工作的基本条件。

1．出纳人员的职责

根据《会计法》《会计基础工作规范》等财会法规，出纳人员具有以下职责。

（1）办理现金收付业务。出纳人员要严格按照国家有关现金管理的规定，办理现金收付业务。具体来说，出纳人员应严格遵守现金开支范围，非现金结算范围不得用现金收付；遵守库存现金限额，超限额的现金按规定及时送存银行。

（2）办理银行存款收付业务。出纳人员要严格按照国家有关银行账户和银行结算的管理规定，办理银行存款收付业务。出纳人员应掌握好银行存款余额，不准签发空头支票，不准出租出借银行账户为其他单位和个人办理结算。

（3）办理资金核算业务。出纳人员应根据有关会计制度的规定，在办理现金和银行存款收付业务时，严格审核有关原始凭证，然后根据填制的收付款记账凭证逐笔顺序登记现金日记账和银行存款日记账，并结出余额。每日下班前，出纳人员还应核对现金日记账的账面余额与库存现金实有数额，发现问题时要及时查对；银行存款账与银行对账单也要及时核对，如有不符，应立即查找原因及时处理。

（4）保管现金和有价证券。出纳人员要保管好企业持有的库存现金和各种有价证券（如国库券、债券、股票等），保证它们的安全与完整。如果发生短缺，属于出纳人员责任的，要进行赔偿。

（5）保管印鉴和各种票据。出纳人员要保管好有关印鉴、空白收据和空白支票。单位的财务专用章和支票要分开保管，交由出纳人员保管的出纳印章应严格按规定的用途使用；各种票据要严格按照规定办理领用和注销手续，尤其是对于空白支票等专用票据，更要妥善保管。

（6）办理外汇出纳业务。外汇出纳业务是政策性很强的工作，随着改革开放的深入发展，国际经济交往日益频繁，外汇出纳也越来越重要。出纳人员应熟悉国家外汇管理制度，及时办理结汇、购汇、付汇，避免国家外汇损失。

2．出纳人员的权限

根据《会计法》《会计基础工作规范》等财会法规，出纳人员具有以下权限。

（1）维护财经纪律，执行财会制度，抵制不合法的收支和弄虚作假行为。

《会计法》是我国会计工作的根本大法，是会计人员必须遵循的重要法律。《会计法》第三章第十六条、第十七条、第十八条、第十九条中对会计人员如何维护财经纪律提出了具体规定。这些规定，为出纳人员实行会计监督、维护财经纪律提供了法律保障。出纳人员应认真学习、领会、贯彻这些法规，充分发挥出纳工作的"关卡"、"前哨"作用，为维护财经纪律、抵制不正之风做出贡献。

（2）参与货币资金计划定额管理的权力。

现金管理制度和银行结算制度是出纳人员开展工作必须遵照执行的法规。这些法规，实际上是赋予了出纳人员对货币资金管理的职权。例如，为加强现金管理，要求各单位的库存现金必须限制在一定的范围内，多余的要按规定送存银行，这便为银行部门利用社会资金进行有计划放款提供了资金基础。因此，出纳工作不是简单的货币资金的收收付付，不是无足轻重的点点钞票，其工作的意义只有和许多方面的工作联系起来才能体会到。

（3）管好用好货币资金的权力。

出纳工作每天和货币资金打交道，单位的一切货币资金往来都与出纳工作紧密相连，货币资金的来龙去脉，周转速度的快慢，出纳人员都清清楚楚。因此，提出合理安排利用资金的意见和建议，及时提供货币资金使用与周转信息，也是出纳人员义不容辞的责任。出纳人员应抛弃被动工作观念，树立主动参与意识，把出纳工作放到整个会计工作、经济管理工作的大范围中，这样，既能增强出纳自身的职业光荣感，又为出纳工作开辟了新的视野。

（五）出纳工作有什么特点

任何工作都有自身的特点和工作规律，出纳是会计工作的组成部分，具有一般会计工作的本质属性，但它又是一个专门的岗位，一项专门的技术，因此，具有以下专门的工作特点。

1. 社会性

出纳工作担负着一个单位货币资金的收付、存取任务，而这些任务的完成是置身于整个社会经济活动的大环境之中的，是和整个社会的经济运转相联系的。只要这个单位发生经济活动，就必然要求出纳人员与之发生经济关系。例如，出纳人员要了解国家有关财会政策法规并参加这方面的学习和培训，出纳人员要经常跑银行等。因此，出纳工作具有广泛的社会性。

2. 专业性

出纳工作作为会计工作的一个重要岗位，有着专门的操作技术和工作规则。凭证如何填，日记账怎样记都很有学问，就连保险柜的使用与管理也是很讲究的。因此，要做好出纳工作，一方面要求经过一定的职业教育，另一方面也需要在实践中不断积累经验，掌握其工作要领，熟练使用现代化办公工具，做一个合格的出纳人员。

3. 政策性

出纳工作是一项政策性很强的工作，其工作的每一环节都必须依照国家规定进行。例如，办理现金收付要按照国家现金管理规定进行，办理银行结算业务要根据国家银行结算办法进行。《会计法》《会计基础工作规范》等法规都把出纳工作并入会计工作中，并对出纳工作提出了具体规定和要求。出纳人员不掌握这些政策法规，就做不好出纳工作；不按这些政策法规办事，就违反了财经纪律。

4. 时间性

出纳工作具有很强的时间性，何时发放职工工资，何时核对银行对账单等，都有严格的时间要求，一天都不能延误。因此，出纳人员心里应有个时间表，及时办理各项工作，保证出纳工作质量。

（六）出纳人员应具备哪些素质

做好出纳工作并不是一件很容易的事，它要求出纳员要有全面精通的政策水平，熟练高超的业务技能，严谨细致的工作作风。

1. 政策水平

不以规矩，不成方圆。出纳工作涉及的"规矩"很多，如《会计法》及各种会计制度，现金管理制度及银行结算制度，《会计基础工作规范》，成本管理条例及费用报销额度，税收管理制度及发票管理办法，还有本单位自己的财务管理规定等。这些法规、制度如果不熟悉、不掌握，是绝对做不好出纳工作的。所以，要做好出纳工作的第一件大事就是学习、了解、掌握财经法规和制度，提高自己的政策水平。出纳人员只有熟练掌握政策法规和制度，明白自己哪些该做，哪些不该做，工作起来就会得心应手，就不会犯错误。

2．业务技能

"台上一分钟，台下十年功。"这对出纳工作来说是十分适用的。出纳工作需要很强的操作技巧。打算盘、用计算机、填写票据、点钞票等，都需要深厚的基本功。作为专职出纳人员，不但要具备处理一般会计事务的财会专业基本知识，还要具备较高的处理出纳事务的出纳专业知识水平和较强的数字运算能力。出纳的数字运算往往在结算过程中进行，要按计算结果当场开出票据或收付现金，速度要快，又不能出错。这和事后的账目计算有着很大的区别。账目计算错了可以按规定方法更改，但钱算错了就不一定说得清楚，不一定能"改"得过来了。所以说出纳人员要有很强的数字运算能力，不管你用计算机、算盘、计算器，还是别的什么运算器，都必须具备较快的速度和非常高的准确性。在快和准的关系上，作为出纳员，要把准确放在第一位，要准中求快。

提高出纳业务技术水平关键在手上，开票据、用计算机清点钞票，都离不开手。而要提高手的功夫，关键又在勤，勤能生巧，巧自勤来。有了勤，就一定能达到出纳技术操作上的理想境界。另外，还要苦练汉字、阿拉伯数字，提高写作概括能力，准确书写经济业务内容摘要。一张书写工整、填写齐全、摘要精练的票据能表现一个出纳员的工作能力。

3．工作作风

要做好出纳工作首先要热爱出纳工作，要有严谨细致的工作作风和职业习惯。作风的培养在成就事业方面至关重要。出纳每天和金钱打交道，稍有不慎就会造成意想不到的损失，出纳员必须养成与出纳职业相符合的工作作风，概括起来就是：精力集中，有条不紊，严谨细致，沉着冷静。精力集中就是工作起来就要全身心地投入，不为外界所干扰；有条不紊就是计算器具摆放整齐，钱款票据存放有序，办公环境洁而不乱；严谨细致就是认真仔细，做到收支计算准确无误，手续完备，不发生工作差错；沉着冷静就是在复杂的环境中随机应变，化险为夷。

4．安全意识

现金、有价证券、票据和各种印鉴，既要有内部的保管分工，各负其责，并相互牵制；也要有对外的保安措施，从办公用房的建造，门、扇、柜的锁具配置，到保险柜密码的管理，都要符合保安的要求。出纳人员既要密切配合保安部门的工作，更要增强自身的保安意识，学习保安知识，把保护自身分管的公共财产物资的安全完整作为自己的首要任务来完成。

5．道德修养

出纳人员必须具备良好的职业道德修养，要热爱本职工作，敬业、精业；要科学理财，充分发挥资金的使用效益；要遵纪守法，严格监督，并且以身作则；要洁身自好，不贪、不占公家便宜；要实事求是，真实客观地反映经济活动的本来面目；要注意保守机密；要竭力为本单位的中心工作、为单位的总体利益、为全体员工服务，牢固树立为人民服务的思想。

（七）出纳人员应该遵守哪些职业道德

出纳是一种特殊的职业，出纳人员整天接触的是大把大把的金钱，成千上万的钞票，真可谓万贯家财手中过。没有良好的职业道德，很难顺利通过"金钱关"。与其他会计人员相比较，出纳人员更应严格地遵守职业道德。

1. 爱岗敬业

爱岗敬业，要求出纳人员热爱出纳工作、安心本职岗位、忠于职守、尽心尽力、尽职尽责。这是出纳人员做好本职工作的基础和条件，是最基本的道德素质。爱岗敬业包括以下内容。

（1）热爱出纳工作，敬重会计职业。这是做好出纳工作的前提。只有热爱出纳工作，敬重会计职业，才会努力学习出纳业务知识，才会全身心地投入出纳工作，并把工作做好。

（2）安心工作，任劳任怨。安心工作、任劳任怨表达的是一种精神境界。

（3）严肃认真，一丝不苟。严肃认真、一丝不苟，表达的是一种工作态度。

（4）忠于职守，尽职尽责。要求会计人员忠实于会计服务主体，忠实于社会利益，忠实于国家利益。

2. 诚实守信

诚实守信要求出纳人员在职业活动中应当实事求是，讲信用，重信誉，信守诺言。这是出纳人员职业道德的基本工作准则。诚实守信包括以下内容。

（1）实事求是的工作作风。实事求是的工作作风，要求会计人员做老实人、办老实事、说老实话，从原始资料的取得、凭证的整理、账簿的登记、报表的编制，到经济活动的分析，都要做到实事求是、如实反映、正确记录；严格以经济业务凭证为依据，做到手续完备、账目清楚、数字准确、编报及时；严格按照国家统一会计制度记账、算账、结账、报账，做到账证、账账、账表、账实相符。

（2）坚持职业操守。出纳人员的操守，主要包括社会或他人对出纳工作的尊敬和出纳人员自己对职业的珍爱。坚持职业操守，要求出纳人员做到讲信用、守诺言，保守秘密。作为出纳人员本身而言，注重职业操守，主要是要对自己所从事的职业有一个正确的认识和态度，维护职业信誉，诚实守信，保守国家秘密、商业秘密和个人隐私。

3. 廉洁自律

廉洁自律要求出纳人员公私分明、不贪不占、遵纪守法、清正廉洁。这是出纳人员的工作特点所决定的，是职业道德的内在要求和行为准则。出纳工作涉及国家、企业、投资者、债权人、企业职工等各方利益，出纳人员只有自身做到廉洁自律，才能理直气壮地行使会计监督的职能。廉洁自律包括以下内容。

（1）公私分明，不贪不占。公私分明，要求出纳人员严格划分公私界限，公是公，私是私；不贪不占，要求出纳人员不贪污、不挪用公款、不监守自盗。

（2）遵纪守法，清正廉洁。要求出纳人员在从事出纳工作时，按照国家的法律法规及其他规定履行职责，自尊、自爱、自律，不以权谋私，不违法乱纪，做到清正廉洁。

4. 客观公正

客观公正，要求出纳人员端正态度，依法办事，实事求是，不偏不倚，保持应有的独立性。客观公正包括以下内容。

（1）端正态度。端正态度，要求出纳人员坚持以客观公正的态度从事出纳工作。这是坚持客观公正原则的基础。

（2）依法办事。依法办事，要求出纳人员遵守法律法规，依法办理出纳业务。这是保证会计工作客观公正的前提。

（3）实事求是，不偏不倚。实事求是、不偏不倚，要求出纳人员在处理各种利益关系时，保持客观公正，不偏不倚的立场。

（4）保持应有的独立性。客观性是会计信息的本质要求。客观公正，要求出纳人员在出纳业务的处理、会计政策和会计方法的选择、财务会计报告的编制、财务状况及经营成果的评价等方面都必须保持独立性，做到客观、公正。

5. 坚持准则

坚持准则，要求出纳人员熟悉国家法律、法规和国家统一的会计制度，始终坚持按法律法规和国家统一的会计制度的要求进行会计核算，实施会计监督。这里所说的"准则"，就是泛指有关会计的法律法规和国家统一的会计制度。因此，坚持准则就是坚持依法办理会计事务。要做到坚持准则必须做到以下几点。

（1）掌握准则。要求出纳人员熟练掌握准则，正确领会和准确把握准则的精神实质。

（2）遵循准则。要求出纳人员严格执行准则。

（3）坚持准则。要求出纳人员依法办理出纳业务，即使是在依法办理出纳业务的过程受到干扰、阻碍和挑战时，也应当坚持准则依法办理。

6. 提高技能

提高技能，就是要求出纳人员不断地增强提高专业技能的自觉性和紧迫感，勤学苦练，刻苦钻研，开拓进取，不断提高业务水平。出纳工作是专业性很强的工作，出纳人员应当全面准确地掌握出纳工作的专业知识和技能。社会在前进，经济在发展，科技在进步，出纳工作会面临不断出现的新情况和新问题；所有这些都要求出纳人员与时俱进，不断地学习和掌握新的知识和新的技能，以适应出纳业务不断发展和变化的新形势。

7. 参与管理

参与管理，就是要求出纳人员在做好本职工作时努力钻研相关业务，全面熟悉本企业经营活动及其业务流程，积极参与管理，主动提出合理化建议，协助领导决策。参与管理应当做好以下两点。

（1）树立参与管理的意识，积极主动地做好参谋。出纳人员不能消极被动地记账、算账和报账，而是要积极主动地参与企业的经营管理活动，应当经常向领导反映经营管理活动中的新情况和存在的问题，提出合理化建议，协助领导决策。具体地说，应当充分利用所掌握的大量的会计信息去分析本企业的经营活动，将财务会计的职能渗透到单位的各项管理工作中去，找出经营管理中的问题和薄弱环节，提出改进意见和措施，从而使出纳工作的事后反映变为事前的预测分析和事中的控制监督，真正起到当家理财的作用，成为决策层的参谋和助手。

（2）参与管理应具有针对性。在参与企业管理时，需要了解企业的生产经营活动及其业务流程，使参与管理更具有针对性和有效性。出纳人员应当熟悉本企业的生产经营活动及其业务流程，掌握有关企业的生产经营能力、技术设备条件、产品市场行情及资源供给等方面的情况，结合财会工作的综合信息优势，积极参与预测；根据预测情况，运用专门的财务会计方法，从生产、销售、成本、利润等方面有针对性地拟定可行性方案，参与优化决策；要充分利用会计工作的优势，对预算执行情况积极参与监控，为改善单位内部管理、提高经济效益服务。

8. 强化服务

强化服务，就是要求出纳人员树立服务意识，提高服务质量；努力维护和提升会计职业良好的社会形象。强化服务的基本要求如下。

（1）强化服务意识。出纳人员要在内心深处树立强烈的为管理者服务、为所有者服务、为社会公众服务、为人民服务的服务意识；无论是为本企业服务，还是为社会公众服务，都应摆正自己的位置；不能认为管钱、管账就高人一等；不能认为参与决策就自命不凡。应认识到管钱、管账是职责，参与管理是义务，会计职业受社会尊重来自于会计职业在社会上的信誉。只有这样才能做好会计工作，履行会计职能，为单位和社会经济的发展做出应有贡献。

（2）提高服务质量。强化服务的关键是提高服务质量。出纳人员的服务就是真实、客观地记账、算账和报账，积极主动地向上级领导者反映经营活动的情况和存在的问题，提出合理化建议；为企业决策层、政府部门、投资人、债权人以及社会公众提供真实、可靠、相关的会计信息，以引导他们正确地作出决策。

（八）与出纳岗位有关的内部控制制度有哪些

与出纳岗位有关的内部控制制度主要指内部牵制制度或者说钱账分管制度。《会计法》第二十一条第二款、第三款规定："会计机构内部应当建立稽核制度。出纳人员不得兼管稽核、会计档案保管和收入、费用、债权债务账目的登记工作。"钱账分管原则是指凡是涉及款项和财物收付、结算及登记的任何一项工作，必须由两人或两人以上分工办理，以起到相互制约的作用。例如，现金和银行存款的支付，应由会计主管人员或其授权的代理人审核、批准，出纳人员付款，记账人员记账；发放工资，应由工资核算人员编制工资单，出纳人员向银行提取现金和分发工资，记账人员记账。实行钱账分管，主要是为了加强会计人员相互制约、相互监督、相互核对，提高会计核算质量，防止工作误差和营私舞弊等行为。

《会计法》专门规定出纳员不得兼管稽核、会计档案保管和收入、费用、债权债务账目的登记工作。这是由于出纳员是各单位专门从事货币资金收付业务的会计人员，根据复式记账原则，每发生一笔货币资金收付业务，必然引起收入、费用或债权、债务等账簿记录的变化，或者说每发生一笔货币资金收付业务都要登记收入、费用或债权、债务等有关账簿，如果把这些账簿登记工作都由出纳员办理，会给贪污舞弊行为以可乘之机。同样道理，如果稽核、内部档案保管工作也由出纳员经管，也难以防止利用抽换单据、涂改记录等手段进行舞弊的行为。当然，出纳员不是完全不能记账，只要所记的账不是收入、费用、债权、债务方面的账目，是可以承担一部分记账工作的。总之，钱账分管原则是出纳工作的一项重要原则，各单位都应建立健全这一制度，防止营私舞弊行为的发生，维护国家和单位财产的安全。

出纳人员有关的回避制度。《会计基础工作规范》规定："国家机关、国有企业、事业单位任用会计人员应当实行回避制度。单位领导人的直系亲属不得担任本单位的会计机构负责人、会计主管人员。会计机构负责人、会计主管人员的直系亲属不得在本单位会计机构中担任出纳工作。"需要回避的亲属关系包括夫妻关系、直系血亲关系、三代以内旁系血亲以及近姻亲关系。

（九）出纳岗位与会计岗位的关系如何

从所分管的账簿来看，会计分为总账会计、明细分类账会计和出纳。三者既有区别又有联系，既有分工又有协作。

1. 各有各的分工

出纳与会计之间有着明确的分工，工作上各有侧重。总账会计负责企业经济业务的总括核算，为企业经济管理和经营决策提供明细分类核算资料；出纳则分管企业票据、货币资金以及有价证券等的收付、保管、核算工作，为企业经济管理和经营决策提供各种金融信息。

2. 互相依赖又互相牵制

出纳、明细分类账会计、总账会计之间，有着很强的相互依赖性，它们所核算的依据相同，都是会计原始凭证和会计记账凭证。这些作为记账依据的会计凭证，必须在出纳、明细分类账会计、总账会计之间按照一定的顺序传递，它们互相利用对方的核算资料，共同完成会计任务，不可或缺。

同时，它们之间又互相牵制与控制。出纳的现金和银行存款日记账与总账会计的现金和银行存款总分类账、总分类账与其所属的明细分类账、明细账中的有价证券与出纳账中相应的有价证券账，有金额的等量关系。

3. 出纳核算是特殊的明细核算

出纳核算也是一种特殊的明细核算。它要求分别按照库存现金和银行存款设置日记账，银行存款还要按照存款的银行分别设置日记账，逐笔序时地进行明细核算。"库存现金日记账"要每天结出余额，并与库存数进行核对；"银行存款日记账"要在月内多次结出余额，与银行对账单核对。

4. 出纳工作是一种账实兼管的工作

出纳既要进行出纳账务处理，又要进行现金、有价证券等实物的管理和银行存款收付业务。在这一点上，出纳和其他财会工作有着显著的区别。除了出纳，其他财会人员都是管账不管钱，管账不管物。

5. 出纳工作直接参与经济活动过程

货物的购销必须经过两个过程：货物移交和货款结算。其中，货款结算即货物价款的收入和支付，必须通过出纳工作来完成，往来款项的支付、各种有价证券的经营以及其他金融业务的办理，更离不开出纳人员的参与，这也是出纳工作的一个显著特点，其他财务工作一般不直接参与经济活动过程，而只对其进行反应和监督。

能力训练

1. 思考题

（1）出纳人员应遵守哪些职业道德？

（2）出纳人员应具备哪些素质？

（3）出纳岗位的主要工作职责和权限各有哪些？

（4）简述出纳与会计之间的关系。

2. 单项选择题

（1）下列选项中，体现办理现金业务不相容岗位相互分离的是（   ）。

　　A. 由出纳人员兼任会计档案保管工作

　　B. 由出纳人员保管签发支票所需全部印章

　　C. 由出纳人员兼任收入总账和明细账的登记工作

　　D. 由出纳人员兼任固定资产明细账及总账的登记工作

（2）出纳工作的内部控制制度主要是指（   ）。

　　A. 权责发生制　　　　　　　　　　B. 实质重于形式

　　C. 内部牵制制度　　　　　　　　　D. 收付实现制

（3）下列各项中，不属于不相容职务的岗位是（   ）。

　　A. 出纳与稽核　　　　　　　　　　B. 出纳与会计档案管理

　　C. 出纳与债权债务登记　　　　　　D. 出纳与现金日记账的登记

（4）会计机构负责人、会计主管人员的直系亲属不得在本单位会计机构中（   ）。

　　A. 从事会计工作　　　　　　　　　B. 担任出纳工作

　　C. 从事固定资明细账登记工作　　　D. 从事内部稽核工作

（5）前国家总理朱镕基三题"不做假账"，是对会计人员（   ）职业道德的要求。

　　A. 爱岗敬业　　　　　　　　　　　B. 客观公正

　　C. 诚实守信　　　　　　　　　　　D. 廉洁自律

3. 多项选择题

（1）作为一名合格的出纳员应具备的基本素质要求（   ）。

　　A. 要有良好的职业道德　　　　　　B. 要有较强的政策水平

　　C. 要有熟练的专业技能　　　　　　D. 要有良好的工作态度

（2）出纳员要做到具备良好的职业道德，应做到（   ）。

　　A. 爱岗敬业　　　　B. 廉洁自律　　　　C. 客观公正

　　D. 强化服务　　　　E. 保守秘密

（3）出纳人员的配备形式有（   ）。

　　A. 一人一岗　　　　　　　　　　　B. 多人多岗

　　C. 一人多岗　　　　　　　　　　　D. 一岗多人

（4）出纳人员可以登记的账簿有（　　　）。

    A．收入明细账　　　　　　　　　　B．总账

    C．库存现金日记账　　　　　　　　D．银行日记账

（5）财经基本技能包括的内容有（　　　）。

    A．财会书写技能　　　　　　　　　B．点钞、验钞技能

    C．电子计算工具使用技能　　　　　D．中文输入法

4．案例分析

（1）某公司因业务发展需要，从人才市场招聘了一名具有大专学历的张明任出纳。开始，他还勤恳敬业，公司领导和同事对他的工作都很满意。但受到同事在股市赚钱的影响，张明也开始涉足股市。然而事非所愿，进入股市很快被套牢，想急于翻本又苦于没有资金，他开始对自己每天经手的现金动了歪念，凭着财务主管对他的信任，拿了财务主管的财务专用章在自己保管的空白现金支票上任意盖章取款。月底，银行对账单也是其到银行提取且自行核对，因此在很长一段时间未被发现。至案发，公司蒙受了巨大的经济损失。

  思　考

  请分析该公司出纳职业道德缺失的原因，并提出防范的建议。

（2）某企业出纳经常上班迟到或不在岗位，造成其他部门有依赖出纳时办事难办。有一天，采购部门递交财务部门一张已经办好所有审批手续的付款申请，以便采购生产部门急需的原材料，但由于出纳人员不明原因不在岗位，结果无法及时汇款。最后因该企业无汇款，供货企业不发货，导致该企业停工一天。

  思　考

  用出纳职业道德的规范和内容分析该企业出纳人员的工作表现。

模块二

财会书写

【学习目标】

1．**知识目标**：掌握会计大、小写数字和票据日期的书写要求，做到书写规范、清晰和流畅；掌握正确的错字订正方法。

2．**能力目标**：能正确、美观、规范地在各类会计凭证、账簿、报表上书写小写金额和大写金额，能正确填制票据，尤其要注意正确书写票据日期的大写。

3．**情感目标**：通过规范书写的训练和对案例的思考，培养严谨的工作作风和规范工作的意识。

【用品准备】

黑色钢笔或黑色水性笔（0.5 mm）、空白会计凭证和账页、配套练习题。

一、小写金额书写

 案例导入

只有小写金额数字支票被篡改，付款银行被判不担责

王先生常年给长沙某超市供应烟酒。2014 年 5 月 17 日，超市交付给王先生长沙某商业银行转账支票一张。此支票在交付时只记载了小写金额 1 158 元，收款人以及大写金额均未记载。同年 5 月 20 日，王先生在未补记收款人以及大写金额的情况下，将支票交给他人。后来，此支票几经转手，在填写了大写金额"柒仟柒佰伍拾捌元整"且小写金额被改为 7 758 元后，于 2014 年 5 月 23 日由李先生持有。李先生将支票交

于银行，银行自超市账户上划款 7 758 元至李先生的账户。

超市将银行及王先生告上法庭，要求他们承担连带责任，返还不当得利款 6 600 元以及利息 214.80 元。长沙市人民法院一审驳回了超市的请求。

▎思考题▎

法院判决的依据是什么？该案例对财会人员有何启示？

（一）阿拉伯数字的书写要求

财会工作中，尤其是会计记账过程中，小写数字的书写同普通的书写汉字有所不同，且已经约定俗成，形成会计数字的书写格式。其具体要求如下。

（1）各数字自成体型，大小匀称，笔顺清晰，合乎手写体习惯，流畅、自然、不刻版。

（2）书写时字迹工整，排列整齐有序，自右上方向左下方倾斜地写，倾斜度约60度。

（3）书写数字时，应使每位数字（7、9 除外）紧靠底线且不要顶满格（行）。

一般来讲，每位数字约占预留格子（或空行）的 1/2 空格位置，每位数字之间一般不要联结，但不可预留间隔（以不增加数字为好）；每位数字上方预留 1/2 空格位置，可以订正错误记录时使用。

（4）一组数字正确的书写是，应按照自左向右的顺序进行，不可逆方向书写；在没有印刷数字格的会计书写中，同一行相邻数字之间应空出半个数字的位置。

（5）除 4、5 以外的各单数字，均应一笔写成，不能人为地增加数字的数画。但注意整个数字要书写规范、流利、工整、清晰、易认不易改。

（6）如在会计运算或会计工作底稿中，运用上下几行数额累计加减时，应尽可能地保证纵行累计数字的位数对应，以免产生计算错误。

（7）书写不易写好、容易混淆且笔顺相近的数字时，尽可能地按标准字体书写，区分笔顺，避免混同，以防涂改。

例如："1"不能写短，且要合乎斜度要求，防止改为"4""6""7""9"；

书写"6"字时可适当扩大其字体，使起笔上伸到数码格的 1/4 处，下圆要明显，以防改为"8"；

"7""9"两字的落笔可下伸到底线外，约占下格的 1/4 位置；

"6""8""9""0"都必须把圆圈笔画写顺，并一定要封口；

"2""3""5""8"应各自成体，避免混同。

（8）如果没有账格线，数字书写时要同数位对齐书写。数字书写的整数部分，可以从小数点向左按"三位一节"用分节号","分开或用千分空，以便于读数和汇总计算。

（9）正确运用货币符号。如果表示金额时，小写数字前面应当写货币符号，货币符号与小写数字之间不得留有空格。小写数字书写到分位为止，元位以下保留角、分两位小数，以下四舍五入。元和角之间要用小数点"."隔开，没有角分时，应在小数点后写"0"，数字后面不再写货币单位。

（10）除采用电子计算机处理会计业务外，会计数字应使用规范的手写体书写，不适用其他字体。只有这样，会计数字的书写才能规范、流利、清晰，合乎会计工作的书写要求。

（二）阿拉伯数字的书写示范

小写数字的写法有印刷体和手写体两种，日常工作中普遍使用的是手写体。练习书写时可使用"会计数字练习用纸"，也可以用账页进行，手写体小写数字书写示范如图 2-1 所示。

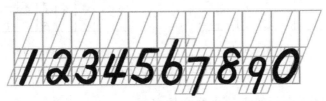

图 2-1 手写体小写数字书写示范

思 考

图 2-2 列举了一些由于书写不规范从而导致被篡改的数字案例，请仔细观察数字是如何被篡改的？不规范书写数字有可能导致怎样的后果？

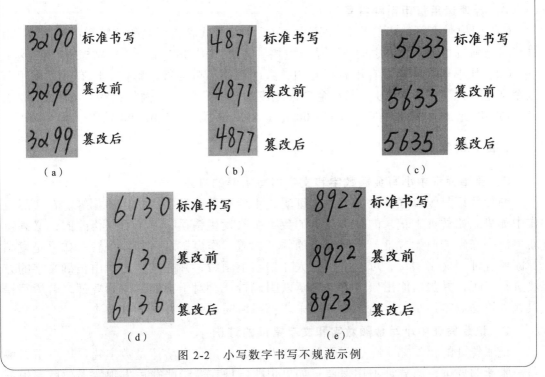

图 2-2 小写数字书写不规范示例

（三）小写金额的书写

1. 印有数位线（金额线）的小写金额书写（见图2-3）

（1）一般来说，凭证和账簿已印好数位线，必须逐格顺序书写，"角""分"栏金额齐全。

（2）如果"角""分"栏无金额，应该以"0"补位，也可在格子的中间划一短横线代替。

（3）如果金额有"角"无"分"，则应在分位上补写"0"，不能用"—"代替。

收入金额							
十	万	千	百	十	元	角	分
		3	6	7	8		
				5	7	1	
				5	7	1	—

（a）错误的书写

收入金额							
十	万	千	百	十	元	角	分
		3	6	7	8	0	0
		3	6	7	8	—	—
				5	7	1	0

（b）正确的书写

图 2-3　印有数位线（金额线）的小写数字书写

2．没有数位线（金额线）的小写金额书写

（1）如果没有角分，仍应在元位后的小数点"."后补写"00"或划一短斜横线。例如：¥95 367.00（√），¥95 367.-（√）。

（2）如果金额有"角"无"分"，则应在分位上补写"0"。例如：¥95 367.30（√），¥95 367.3（×），¥95 367.3-（×）。

3．合理运用货币币种符号

（1）阿拉伯金额数字前面应当书写货币币种符号或者货币名称简写和币种符号。币种符号与阿拉伯金额数字之间不得留有空格。例如：¥95 367.00（√），¥95 367.00（×）。

（2）凡小写数字前写有币种符号的，数字后面不再写货币单位。印有"人民币"三个字不可再写"¥"符号，但在金额末尾应加写"元"字。例如：¥95 367.00（√），¥95 367.00元（×），人民币¥95 367.00元（×），人民币 95 367.00元（√）。

（四）错字的订正

1．原始凭证中小写金额数字和文字书写错误的订正

原始凭证是记录经济业务发生的证明，主要有各式发票、货运单据等。在实际工作中如果原始凭证上记录的经济业务的数字金额发生错误，是不可以修改的，必须重新填制一张新的原始凭证，将原填错的凭证加盖"作废"章后加以保管；如果是发票等原始凭证的文字错误，可以由出票人在错字上画线，并在其上方写出正确文字的方法进行订正，并加盖原出票人的姓名章以明确责任。对于自制的原始凭证，若填写错误，无论是数字还是文字错误，均应采取重新填写一张的办法予以解决。

2．记账凭证中小写金额数字和文字错误的订正

记账凭证的错误如果在登记账簿以前发现，无论是文字还是数字错误均可重新填写一张新的凭证，原凭证不用保留；如果记账凭证在登记账簿后发现错误，就要根据错误发生的具体情况采用"补充登记法"或其他正确的冲账方式进行改正。

3．账簿登记中文字和金额错误的订正

如果在账簿结账前发现过账（将正确凭证上的经济事项过记到相关账簿的过程）错误或计算错误，则应将错误的数字整个从头至尾画一道红线，然后再将正确数字写在其上方，并加盖个人签章，以示责任，如图 2-4 所示。不能只改正其中个别的错误字码，更不得在原数字上涂改、挖补、刮擦或用消字药水销迹。若是错误的文字，则可在错误的个别文字上画线，并在其上方写上正确文字进行订正。如结账后发现错误，则要按正确的更正错账方法加以更正。

错误的订正方法		正确的订正方法
36 289	62	36 289
32 689　[李 莉]	32 689　[李 莉]	32 689　[李 莉]

图 2-4　账簿登记中金额错误的订正

（五）典型任务举例

请将图 2-5 中"库存现金日记账"中的内容，遵照阿拉伯数字的书写规范及小写金额数字的书写要求，规范地填写在如图 2-6 所示的账页中，最终效果如图 2-7 所示。

<h2 style="text-align:center">库存现金日记账</h2>

第 1 页

2015	年	凭证		摘　要	借方	贷方	借或贷	余额
月	日	字	号					
1	1			上年结转			借	2500.00
	8	记	4	提现，备发工资	66900.00		借	69400.00
	8	记	5	发放工资		66900.00	借	2500.00
	9	记	6	报销差旅费		20.00	借	2480.00
	31			本月合计	66900.00	66920.00	借	2480.00

图 2-5　库存现金日记账（一）

库 存 现 金 日 记 账

年		凭证编号	摘　要	现金支票号码	借方								√	贷方								√	余额								
月	日				百	十	万	千	百	十	元	角	分		百	十	万	千	百	十	元	角	分		百	十	万	千	百	十	元	角	分

图 2-6　库存现金日记账（二）

库 存 现 金 日 记 账

2015 年		凭证编号	摘　　要	现金支票号码	借方								√	贷方								√	余额								
月	日				百	十	万	千	百	十	元	角	分		百	十	万	千	百	十	元	角	分		百	十	万	千	百	十	元	角	分
1	1		上年结转																							2	5	0	0	0	0
	8	记4	提现，备发工资			6	6	9	0	0	0	0														6	9	4	0	0	0
	8	记5	发放工资													6	6	9	0	0	0	0					2	5	0	0	0	0
	9	记6	报销差旅费																2	0	0	0					2	4	8	0	0	0
	31		本月合计			6	6	9	0	0	0	0					6	6	9	2	0	0	0				2	4	8	0	0	0

图 2-7　库存现金日记账（三）

能力训练

1. 小写数字书写练习

（1）按照表 2-1 所示第 1 行的书写规范，在下面各行进行小写数字书写练习。

表 2-1 小写数字书写练习

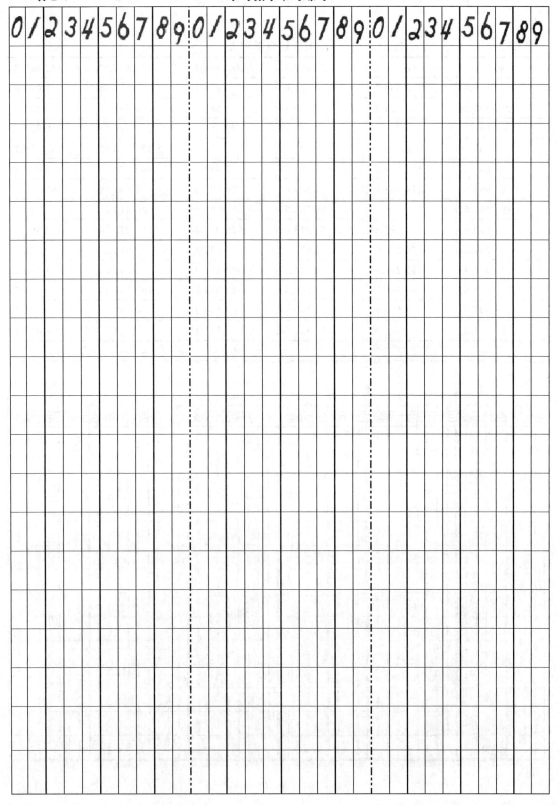

（2）将表 2-2 中各小写金额数字，遵照书写规范分别填入图 2-8 所示的空白账页内。

表 2-2　　　　　　　　　　　小写金额数字列表

80 153.47	86 301.45	78 640.39	280 634.51	71 584.93	152 806.34
25.93	3 650.79	721.65	9 064.23	4 287.06	3 092.64
251 390.76	29.73	2 806.74	587.61	206 739.51	195.87
169.48	280 734.61	916.84	90 786.04	498.61	49 037.86
15 308.76	6 420.39	3 210 543.95	75.21	5 371 280.92	15.72
9 603.27	502 613.94	695 302.78	4 093.85	609 583.27	5 409.38
5 107 951.69	84 703.92	4 309.61	70 923.84	1 643.09	80 742.39
893 401.52	78.29	98 103.54	65.91	56 814.03	10.69
3 610.94	135.28	2 754 918.48	128 073.46	7 815 032.24	412 807.36
791.58	670 251.93	571.92	172.56	975.21	601.72
17 058.43	415 283.96	70 143.58	304 156.82	6 042.87	4 360.92
849.61	94 860.37	168.49	63 907.84	2 998 307.53	25.71
267 095.83	4 530.98	726 309.58	307 614.28	4 187.93	98 074.23
65 180.43	16.95	30 651.84	5 667 345.19	48.72	9 048.53

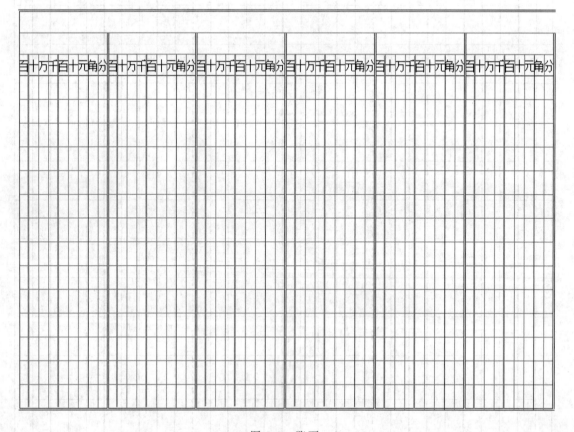

图 2-8　账页

2．订正下列各小写金额书写上的错误

（1）¥239.75 元

（2）¥6 000.00 元整

（3）¥95 367.00

（4）人民币¥76.00 元

（5）人民币¥14 283.50 元

（6）人民币 10.00 元整

3．请将表2-3中的大写金额转换成小写金额

表 2-3　　　　　　　　　　　　大小写金额转换

大写金额	小写金额
人民币伍拾叁万叁仟陆佰元肆角壹分	
人民币捌佰柒拾玖元整	
人民币壹仟零贰元伍角整	
人民币壹拾捌元叁角贰分	
人民币伍仟壹佰柒拾贰仟元整	
人民币叁拾万零伍拾元壹角陆分	
人民币陆元捌角整	

二、财会中文书写

 案例导入

借条引发纠纷案

个体工商户王××，因补充流动资金需要，承诺以高额利息向李××借钱。王××书写了借条（借条附后）。

两年内王××既未还款、也未支付利息。鉴于此，2014 年 4 月，李××凭王××书写的借条诉至法院，要求王××返还借款 115 000 元，并支付利息 23 000 元。

王××到庭后，认可借钱未还一事。但表示自己只借 11 500 元，当时在匆忙之下书写借条，并未留意。按约定只同意归还借款 11 500 元、支付利息 2 300 元。法院经过审理，判决王××返还李××借款 115 000 元、支付利息 23 000 元。

┤思 考├

法院如此判决的依据是什么？从这个案例中，你得到了什么启示？

借　条

今借到李××先生现金拾壹万伍仟元整（11 500 元），用于补充流动资金。于二〇一四年三月三十一日（2014 年 3 月 31 日）前还清，利息按年利率的百分之十（10％）标准计算，利息自借款之日起至实际还款之日止。

此据。

借款人：王××

二〇一二年三月三十一日

（一）中文大写数字书写

1. 数字的中文大写书写

中文大写数字，主要用于发票、支票、汇票、存单等重要凭证的书写，为了易于辨认、防止涂改，应一律用正楷或行书体书写，如壹（壹）、贰（贰）、叁（叁）、肆（肆）、伍（伍）、陆（陆）、柒（柒）、捌（捌）、玖（玖）、拾（拾）、佰（佰）、仟（仟）、万（万）、亿（亿）、圆（元）、角（角）、分（分）、零（零）、整（整）等字样。不得用一、二（两）、三、四、五、六、七、八、九、十、念、毛、另（或 0）填写，不得自造简化字。

2. 中文大写金额数字书写

（1）"人民币"与数字之间不得留有空位。中文大写金额数字前应标明"人民币"字样，应紧接"人民币"字样填写，不得留有空白。中文大写金额数字前未印"人民币"字样的，应加填"人民币"三字。

（2）"整"或"正"的用法。"整"原始的含义是"整数"，将其作为截止符在中文大写金额中使用，可防止中文大写金额被人涂改。具体规定如下：

① 中文大写金额到"元"为止的，应在"元"字后面写"整"或"正"字；

② 中文大写金额到"角"为止的，应在"角"字后面写"整"或"正"字；

③ 中文大写金额到"分"为止的，不应在"分"字后面写"整"或"正"字；

（3）"零"的用法。中文大写数字"零"的写法主要取决于小写数字中"0"出现的位置。

① 小写数字中间有"0"时，大写金额要写"零"字。¥102.60 表示为：人民币壹佰零贰元陆角整。

② 小写数字中间连续有几个"0"时，中文大写数字中可以只写一个"零"字。¥1 004.65 表示为：人民币壹仟零肆元陆角伍分。

③ 小写数字元位为"0"，或数字中间连续有几个"0"，元位也是"0"，但角位不是"0"时，中文大写数字可只写一个"零"字，也可不写"零"字。¥1 840.21 表示为：人民币壹仟捌佰肆拾元贰角壹分。¥1 800.21 表示为：人民币壹仟捌佰元贰角壹分，或人民币壹仟捌佰元零贰角壹分。

（4）"壹拾几"的"壹"不能丢。中文大写金额中，"壹拾几"的"壹"不能丢。¥182 054.21 表示为：人民币壹拾捌万贰仟零伍拾肆元贰角壹分。¥13.20 表示为：人民币壹拾叁元贰角整。

中文大写数字书写如表 2-4 所示，大小写数字对比书写参考范例如表 2-5 所示。

表 2-4　　　　　　　　　中文大写数字书写

楷体	零	壹	贰	叁	肆	伍	陆	柒	捌	玖	拾	佰	仟	万	亿	元	角	分	整
行书	零	壹	贰	叁	肆	伍	陆	柒	捌	玖	拾	佰	仟	万	亿	元	角	分	整

表 2-5　　　　　　　　　　　大小写数字对比书写参考范例

小写金额书写							中文大写金额书写
没有数位分割线	有数位分割线						
	万	千	百	十	元	角	分	

没有数位分割线	万	千	百	十	元	角	分	中文大写金额书写
¥0.08							8	人民币捌分
¥0.60						6	0	人民币陆角整
¥2.00					2	0	0	人民币贰元整
¥17.08				1	7	0	8	人民币壹拾柒元零捌分
¥630.06			6	3	0	0	6	人民币陆佰叁拾元零陆分
¥4 020.70		4	0	2	0	7	0	人民币肆仟零贰拾元柒角整
¥15 006.09	1	5	0	0	6	0	9	人民币壹万伍仟零陆元零玖分
¥13 000.40	1	3	0	0	0	4	0	人民币壹万叁仟元零肆角整

（二）票据日期的中文大写

票据的出票日期必须使用中文大写。为防止变造票据的出票日期，在填写月、日时，有以下要求。

（1）前面加"零"的月（3个月）：零壹月、零贰月、零壹拾月。

（2）前面加"零"的日（12天）：零壹日至零壹拾日、零贰拾日、零叁拾日。

（3）前面加"壹"的日（9天）：壹拾壹日至壹拾玖日。

例如，1月15日，应写成零壹月壹拾伍日；10月20日，应写成零壹拾月零贰拾日。

（三）典型任务举例

2014年12月17日，南方公司从长江公司购入材料，价税款合35 100元。开出转账支票支付款项。南方公司开户银行及账号：建设银行芙蓉南路支行01020065698。请正确填写转账支票（见图2-9），最终效果如图2-10所示。

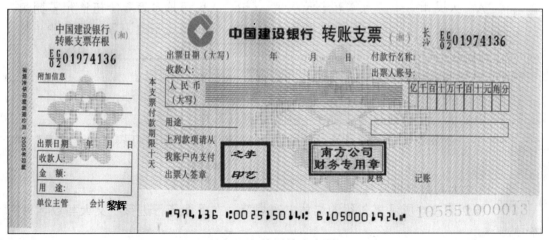

图 2-9　填写转账支票

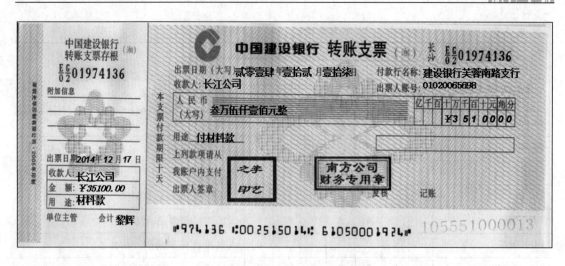

图 2-10　转账支票的正确填写

能力训练

1．单项选择题

（1）下列各项中，不符合票据和结算凭证填写要求的是（　　）。

    A．小写金额数字前填写了人民币符号

    B．中文大写金额数字到"分"为止，在"分"之后没有写"整"字

    C．票据的出票日期使用小写数字填写

    D．1 月 19 日出票的票据，票据的出票日期填写为"零壹月壹拾玖日"

（2）某出票人于 10 月 30 日签发一张现金支票。根据《支付结算办法》的规定，对该支票"出票日期"中"月""日"的下列填法中，符合规定的是（　　）。

    A．零壹拾月零叁拾日   B．零拾月零叁拾日

    C．壹拾月叁拾日   D．拾月叁拾日

（3）¥130 050.80 元对应的中文大写金额是（　　）。

    A．人民币一十三万零五十元八角   B．人民币拾叁万零零伍拾元零捌角

    C．人民币壹拾叁万伍拾元捌角   D．人民币壹拾叁万零伍拾元捌角整

2．判断题

（1）中文大写金额到角为止时，在角后面要写"整"字。   （　　）

（2）中文大写金额在"人民币"3 个字后面要加上冒号。   （　　）

（3）中文大写金额到分为止时，在分后面可以不写"整"字。   （　　）

（4）小写金额数字中间连续有几个"0"的，在中文大写时可只写一个"零"字。

                                                    （　　）

3．中文大写数字书写练习

（1）按照表 2-6 所示第 1 行的楷体书写规范，在下面各行进行中文大写数字书写练习。

表 2-6 中文大写数字书写（楷体）

零	壹	贰	叁	肆	伍	陆	柒	捌	玖	拾	佰	仟	万	亿	元	角	分	整
零	壹	贰	叁	肆	伍	陆	柒	捌	玖	拾	佰	仟	万	亿	元	角	分	整

（2）按照表 2-7 所示第 1 行的行书书写规范，在下面各行进行中文大写数字书写练习。

表 2-7　　　　　　　　　中文大写数字书写（行书）

零	壹	贰	叁	肆	伍	陆	柒	捌	玖	拾	佰	仟	万	亿	元	角	分	整

4．订正下列各题在书写上的错误

（1）人民币三块六角三分

（2）人民币柒百六拾元三毛五分

（3）人民币拾元四角整

（4）人民币肆元陆角

（5）人民币七十六元

（6）人民币拾元整

（7）人民币陆仟零零贰元

5．更正下列各大写数字的错误

壶（　　　）、式（　　　）、参（　　　）、肄（　　　）、五（　　　）、拐（　　　）、玖（　　　）、
伯（　　　）、百（　　　）、千（　　　）、乙（　　　）、染（　　　）。

6．请写出表2-8中的日期和金额的中文大写

表 2-8　　　　　　　　　　　日期和金额的中文大写

日期	大写日期	金额	大写金额
1997.2.2		¥818.80	
1999.5.5		¥70 039.60	
2001.10.20		¥83 800.30	
2005.8.8		¥40 809.00	
2009.11.30		¥68 319.95	
2011.11.11		¥100 301.85	
2010.12.20		¥6 001.02	
2009.10.10		¥5 987 012.35	

7．修改

请指出图 2-11 至图 2-14 所示的财会中文书写示例中不规范和错误之处，并进行修正。

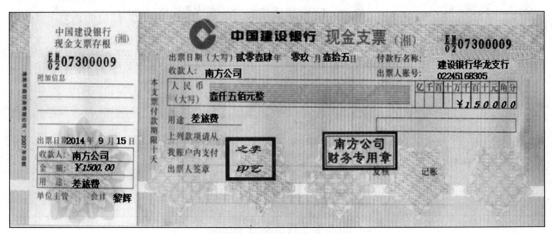

图 2-11　现金支票（一）

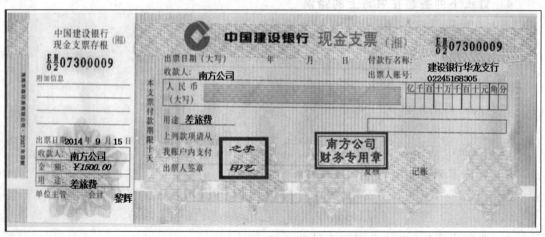

图 2-12 现金支票（二）

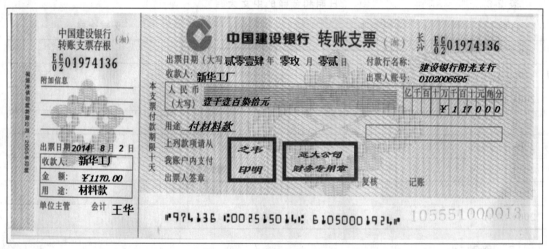

图 2-13 转账支票（一）

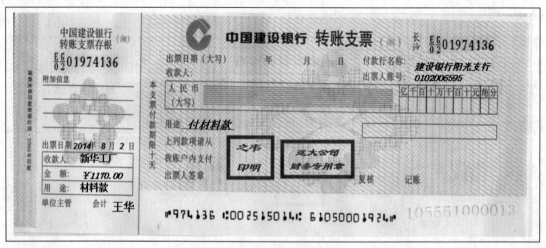

图 2-14 转账支票（二）

技能考核参考标准

1. 考核方法

（1）财会书写由汉字和小写数字两部分组成。

（2）学生用钢笔以楷书或行书书写汉字和数字作品一幅，以"银行存款日记账"作为练习本，进行账簿和书法字帖的练习。

2. 评分标准

（1）在 30 分钟内，完成"银行存款日记账"一面账页的登记书写。

（2）参考标准。

① 合格：

- 汉字和数字大小匀称，笔画流畅，每个数字独立有形，不得连笔书写；

- 汉字和数字要紧贴底线书写，上端不顶格，数字高度约占全格的 1/2；除 6、7、9 外，其他数字高低要一致。书写数字 6 时，上端比其他数字高出 1/4，书写数字 7 和 9 时，下端比其他数字多伸出 1/4。

- 每个数字排列有序，并且数字要有一定倾斜度。

② 良好及优秀：除达到合格要求外，各数字的倾斜度一致。

模块三

点钞与验钞

【学习目标】

1. **知识目标**：了解点钞的基本概念、内容，明确点钞的基本程序和具体要求，掌握手工点钞和机器点钞的几种方法；熟练掌握正确的持钞、点钞、记数和扎把的具体操作方法与技巧；了解外币和假币的种类与特征，掌握验钞的主要方法，学会识别假币；了解人民币的防伪特征，能熟练辨别真伪。

2. **能力目标**：能准确辨别常见货币特别是人民币的真伪；能掌握正确的手工点钞、扎把、捆钞技术；能在点钞中识别假钞，剔除残缺污损钞票；能正确使用点钞机点钞以及捆钞。

3. **情感目标**：通过点钞与验钞技能的训练和对案例的思考，培养耐心、细致、快速、高效的工作作风和认真的工作态度。

【用品准备】

点钞券、点钞机、扎钞条、计时器（可有手机代替）、点钞蜡、印油、名章、假币。

一、点钞

 案例导入

实际工作中，优秀的出纳人员应具有一流的专业技能。除了具有熟练的账务处理能力之外，还就应该具备熟练的点钞技能。小刘是某高职院校财会专业的学生，毕业后到某市一家最大的超市进行收银工作的实习。超市的经营规模很大，商品的种类齐全，所以每天的收入量很可观。超市每天所收取的现金面额有 100 元、50 元、20 元、10 元、5 元、1 元纸币，还有零散硬币等。

> **思考题**
>
> 面对大量的面额不等的现金，小刘应如何展开清点查验工作呢？她能准确、高效地做好这项工作吗？

（一）认知手工点钞

1. 手工点钞操作要领

出纳人员在办理现金的收付与整点时，要做到准、快、好。"准"，就是钞券清点不错不乱，准确无误；"快"，是指在准的前提下，加快点钞速度，提高工作效率；"好"，就是清点的钞券要符合"五好（即点准、挑净、墩齐、扎紧和盖章清楚）的要求"。"准"是做好现金收付和整点工作的基础和前提，"快"和"好"是加速货币流通、提高服务质量的必要条件。

学习手工点钞，首先要掌握基本要领。基本要领对于哪一种方法都适用。手工点钞操作要领大致可概括为以下几点。

（1）肌肉要放松。点钞时，两手各部位的肌肉要放松。肌肉放松，能够使双手活动自如，动作协调，并减轻劳动强度。否则，会使手指僵硬，动作不准确，既影响点钞速度，又消耗体力。正确的姿势是：肌肉放松，双肘自然放在桌面上，持票的左手手腕接触桌面，右手腕稍抬起。

（2）钞券要墩齐。待清点的钞券必须清理整齐、平直。这是点准钞券的前提，钞券不齐不易点准。对折角、弯折、揉搓过的钞券要将其弄直、抹平，明显破裂、质软的票子要先挑出来。清理好后，将钞券在桌面上墩齐，要求钞券四条边水平。

（3）开扇要均匀。钞券清点前，都要将票面打开成缴扇形和小扇开，使钞券有一个坡度，便于捻动。开扇均匀是指每张钞券的间隔距离必须一致，使之在捻钞过程中不易夹张。因此，扇面开得是否均匀，决定着点钞是否准确。

（4）手指触面要小。手工点钞时，捻钞的手指与票子的接触面要小。如果手指接触面大，手指往返动作的幅度随之增大，从而使手指频率减慢，影响点钞速度。

（5）捻钞幅度要小。手工点钞时，捻钞的手指离票面不宜过远，即捻钞的幅度要小，从而加快往返速度。

（6）动作要连贯。点钞时各个动作之间相互连贯是加快点钞速度的必要条件之一。动作要连贯包括两方面的要求：一是指点钞过程的各个环节必须紧张协调，环环扣紧，如点完 100 张墩齐钞券后，左手持票，右手取腰条纸，同时左手的钞券跟上去，迅速扎好小把；在右手放票的同时，左手取另一把钞券准备清点，而右手顺手蘸水清点等等。这样使扎把和持票及清点各环节紧密地衔接起来。二是指清点时的各个动作要连贯，即第一组动作和第二组动作之间，要尽量缩短和不留空隙时间，当第一组的最后一个动作即将完毕时，第二组动作的连续性，如用手持式四指拨动点钞法清点时，当第一组的食指捻下第四张钞券时，第二组动作的小指要迅速跟上，不留空隙。这就要求在清点时双手动作要协调，清点动作要均匀，切忌忽快忽慢、忽多忽少。另外，在清点中尽量减少不必要的小动作、假动作，以免影响动作的连贯性和点钞速度。

（7）点数要协调。点和数是点钞过程的两个重要方面，这两个方面要相互配合，协调一致。点的速度快，记数跟不上，或点的速度慢，记数过快，都会造成点钞不准确，甚至造成差错，给国家财产带来损失。所以点和数二者必须一致，这是点准的前提条件之一。为了使两者紧密结合，记数通常采用分组法。单指单张以十为一组记数，多指多张以清点的张数为一组记数，使点和数的速度能基本吻合。同时记数通常要用脑子记，尽量避免用口数。

2．手工点钞的基本环节

点钞是一个从起把开始到扎把、盖章为止这样一个连续、完整的过程。它一般包括拆把持钞、清点、记数、墩齐、扎把、盖章等环节。要加快点钞速度，提高点钞水平，必须把各个环节的工作做好。

点钞时，当相同面值的现钞券点够了100张后，要用扎条将这100张现钞扎成一小捆，称为一把。

（1）起把。成把清点时，首先需将腰条纸拆下。拆把时可将腰条纸脱去，保持其原状，也可将腰条纸用手指勾断。通常初点时采用脱去腰条纸的方法，以便复点时发现差错进行查找，复点时一般将腰条纸勾断。手持式点钞法一般用左手持钞，手按式点钞法一般用左手压钞。持钞速度的快慢、姿势是否正确，也会影响点钞速度。要注意每一种点钞方法的持钞或压钞技术。

（2）清点。清点是点钞的关键环节。清点的速度、清点的准确性、直接关系到点钞的准确与速度。因此，要勤学苦练清点基本功，做到清点既快又准。

在清点过程中，还需将损伤券按规定标准剔出，以保持流通中票面的整洁，如该把钞券中夹杂着其他版面的钞券，应将其挑出。为不影响点钞速度，点钞时不要急于抽出损伤券或不同版别券，只要先将其折向外边，待点完100张后再抽出损伤券或不同版别券，补上完整券或同版面券。

在点钞过程中如发现差错，应将差错情况记录在原腰条纸上，并把原腰条纸放在钞券上面一起扎把，不得将其扔掉，以便事后查明原因，另作处理。

（3）记数。记数也是点钞的基本环节，与清点相辅相成。在清点准确的基础上，必须做到记数准确。记数方法应与点钞方法相适应，一般单指单张点钞法可采用分组记数法或双数记数法，多指多张点钞法可采用分组记数法。具体记数方法将在"手持式单指单张点钞"的记数步骤中详细介绍。

（4）剔旧。在清点过程中，如发现残破券应按剔旧标准将其挑出。

（5）墩齐。钞券清点完毕扎把前，先要将钞券墩齐，以便扎把保持钞券外观整齐美观。钞券墩齐要求四条边水平，不露头或不呈梯形错开，卷角应拉平。墩齐时，双手松拢，先将钞券竖起来，双手将钞券捏成瓦形在桌面上墩齐，然后将钞券横立并将其捏成瓦形在桌面上墩齐。

（6）扎把。每把钞券清点完毕后，要扎好腰条纸。腰条纸要求扎在钞券的二分之一处，左右偏差不得超过2cm，同时要求扎紧，以提起第一张钞券不被抽出为准。扎把方法有很多，主要扎把方法的操作要领将在"手持式单指单张点钞"的扎把步骤中详细介绍。

（7）盖章。盖章是点钞过程的最后一环，在腰条纸上加盖点钞员名章，表示对此把钞券的质量、数量负责，所以每个出纳员点钞后均要盖章，而且图章要盖得清晰，以看得清编号、姓名为准。

3．手工点钞的基本要求

平铺整齐，边角无折。同券一起，不能混淆。

券面同向，不能颠倒。验查真伪，去伪存真。

剔除残币，完残分放。百张一把，十把一捆。

扎把捆捆，经办盖章。清点结账，复核入库。

为达到上述具体要求，应做到以下几点。

（1）坐姿端正。直腰挺胸，身体自然，肌肉放松，双肘自然放在桌上，持票的左手腕部接触桌面，右手腕部稍抬起，整点钞券轻松持久，活动自如。

（2）操作定型，用品定位。钞票放在正前方，顺着拿钞的方向把钞票整齐地放在前方，扎钞条顺着拿钞的方向摆放在右边，水盒、笔和名章是常用物品，一般放在右边，便于使用。

（3）点数准确。点钞技术关键是一个"准"字，清点和记数的准确是点钞的基本要求。点数准确一要精神集中，二要定型操作，三要手点、脑记，手、眼、脑紧密配合。

（4）钞票墩齐。钞票点好后必须墩齐（四条边水平，不露头，卷角拉平）才能扎把。

（5）扎把捆紧。扎小把，以提起把中第一张钞票不被抽出为准。按"#"字形捆扎的大捆，以用力推不变形，抽不出钞把为准。

（6）盖章清晰。腰条上的名章，是分清责任的标志，要清晰可辨。

（7）动作连贯。点钞过程的各个环节（拆把、清点、墩齐、扎把、盖章）必须密切配合，环环相扣，双手动作协调，注意减少不必要的小动作。

4．点钞方法

点钞方法很多，可以分为手工点钞和机器点钞两大类。

对于手工点钞，根据持票姿势不同，又可划分为手持式点钞方法和手按式点钞方法。

手持式点钞：是不将钞票放在桌面上操作的方法。这种方法应用比较普遍，根据指法不同又可分为单指单张、单指多张、多指多张、扇面点钞等。

手按式点钞：是将钞票放在桌面上操作的方法。根据指法不同又可分为单指单张、多指多张等。

手工清点硬币的方法，也是一种手工点钞法。在没有工具之前，硬币全部用手工清点，这是清点硬币的一种基本方法，它不受客观条件的限制，只要熟练掌握，在工作中与工具清点速度相差不大。

（二）手持式点钞——单指单张点钞

用一个手指一次点一张的方法叫单指单张点钞法。这种方法使用范围较广，适用于收款、付款和整点各种新旧大小钞票。这种点钞方法由于持票面小，能看到票面的四分之三，容易发现假钞票及残破票，缺点是点一张记一个数，比较费力。具体操作方法如下。

1. 起把

钞券墩齐横执，钞券的背面朝向身体。用左手的中指和无名指指根夹住钞券的左端中间；小指、无名指、中指弯曲，虎口张开，用食指指尖把腰条勾断，然后抵住钞券上端，拇指在钞券下端底部靠左端 1/3 处用力将钞券向上翻起呈直角型，同时打开扇面。

清点前，要将票面打成扇形，使钞券有一个坡度，便于捻动。打开扇面时，拇指从左往右滑动，慢慢伸直，扇面往右下方倾斜。开扇均匀是指每张钞券的间隔距离必须一致，使之在捻钞过程中不易夹张。扇面开得是否均匀，决定着点钞是否准确。

钞券持好后，左手拇指应向上倾斜挡住扇面，指尖放于扇面边缘，钞券保持直立呈直角型。注意不能用力捏钞。此外，也可在起把时将腰条纸挪移到钞券的左侧，待清点完后扎把的同时将原腰条纸脱去（见图 3-1）。

（a）上身坐直，胸部稍挺

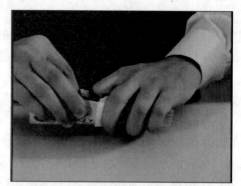

（b）食指指尖勾腰条

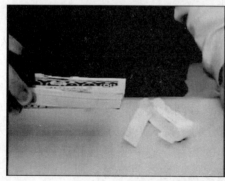

（c）腰条放置一旁

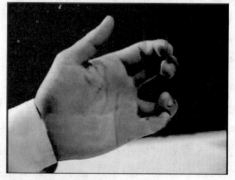

（d）左手中指、无名指弯曲分开准备夹钞

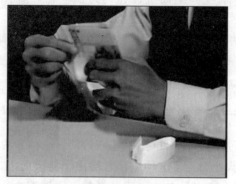

（e）左手食指托钞

图 3-1　起把

2．清点

起把后，左手持钞稍斜，正面对胸前。右手捻钞，捻钞从右上角开始。右手食指指尖托住钞券背侧面的少量部分，随着钞券的捻出向前移动，以及时托住扇面另一部分钞券；右手拇指指尖从右上角向下捻动钞券，拇指不要抬得太高，动作的幅度也不宜太大，以免影响速度；无名指将拇指捻出的钞券往胸前方向弹，每捻下一张弹一次，要注意轻点快弹（无名指弹钞有两方面的作用：一是保证准确率，二是加快落钞速度）；中指和小指不要触及钞券，中指可搭在食指上，小指可搭在无名指上或翘起，以免影响点钞的速度和准确率。

在清点中，拇指上的水用完可向中指沾一下便可点完100张。同时，左手拇指也要配合动作，当右手将钞券下捻时，左手拇指要随即向后移动，并用指尖向外推动钞券，以利捻钞时下钞均匀。随着清点出的钞券增加，左手中指和无名指夹钞券的力量要增加，以防纸币脱落。在这一环节中，要注意右手拇指捻钞时，主要负责将钞券捻开，下钞主要靠无名指弹拨（见图3-2）。

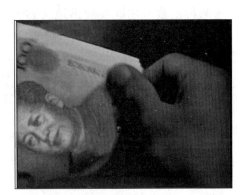

（a）右手食指轻托钞票　　　　　　　　（b）右手拇指轻捻钞票

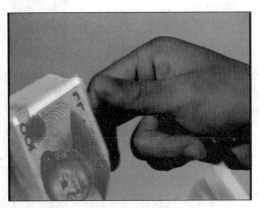

（c）右手中指弹钞

图3-2　清点

3．记数

在清点钞券的同时要记数。由于单指单张每次只捻一张钞券，记数也必须一张一张记，直至记到100张。从"1"到"100"的数中，绝大多数是两位数，记数速度往往跟不上捻钞速度，所以必须巧记。通常可采用分组计数法或双数记数法。

（1）分组记数法。分组记数法有多种方法，如：

- 1、2、3、4、5、6、7、8、9、1；

  1、2、3、4、5、6、7、8、9、2；

  ……

  1、2、3、4、5、6、7、8、9、10。

这样正好 100 张。这种方法是把 100 个数编成 10 个组，每个组都由 10 个一位数组成，前面 9 个数都表示张数，最后一个数既表示这一组的第 10 张，又表示这个组的组序号码，即第几组。这样在点数时记数的频率和捻钞的速度能基本吻合。

- 1、1、2、3、4、5、6、7、8、9；

  2、1、2、3、4、5、6、7、8、9；

  ……

  10、1、2、3、4、5、6、7、8、9。

这种记数方法的原则与前一种方法相同，不同的是把组的号码放在每组数的前面。这两种记数方法既简捷迅速又省力好记，有利于准确记数。

（2）双数记数法。这种方法是将 100 个数缩成由两个数字组成的 50 个数，每捻下一张用一个数字替代，注意前 9 个数本来只有一个数字组成的个位数要记成 $0+x$，即

0，1，0，2，0，3，0，4，0，5，0，6，0，7，0，8，0，9，1，0；

1，1，1，2，1，3，1，4，1，5，1，6，1，7，1，8，1，9，2，0；

……

4，1，4，2，4，3，4，4，4，5，4，6，4，7，4，8，4，9，5，0。

这种方法有利于记忆，不容易出错，但与习惯不太适应。

记数时要注意不要用嘴念出声来，要用心记。做到心、眼、手三者密切配合（见图 3-3）。

图 3-3　逢十进一记数法

4. 剔旧

在清点过程中，如发现残破券应按剔旧标准将其挑出。为了不影响点钞速度，点钞时不要急于抽出残破券，只要用右手中指、无名指夹住残破券将其折向外边，待点完 100 张后再将残破券补上完整券（见图 3-4）。

图 3-4　发现假钞，立即上折

5. 墩齐

点完 100 张后，左手拇指与食指捏住钞券，其余三指伸向钞券的背面使钞券横执在桌面上，左右手松拢将钞券墩齐，使钞券的边端都整齐平直，然后左手持钞作扎把准备。

6. 扎把

每把钞券清点完毕后，要扎好腰条纸。腰条纸要求扎在钞券的二分之一处，左右偏差不得超过 2cm，同时要求扎紧，以提起第一张钞券不被抽出为准。

扎把主要有以下两种方法。

（1）缠绕式。临柜收款采用此种方法，具体操作步骤如下。

① 将点过的钞票 100 张墩齐。

② 左手从长的方向拦腰握着钞票，使之成为瓦状（瓦状的幅度影响扎钞的松紧，在捆扎中幅度不能变）。

③ 右手握着腰条头将其从钞票的长的方向夹入钞票的中间（离一端 1/3~1/4 处）从凹面开始绕钞票两圈。

④ 在翻到钞票原来转角处将腰条向右折叠 90°，将腰条头绕捆在钞票的膘条转两圈打结。

⑤ 整理钞票（见图 3-5）。

（a）左手将扎钞条按于钞票上

（b）绕钞把翻转两圈

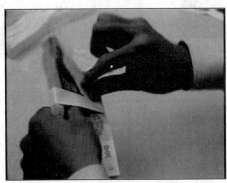

（c）右手拇指反折 45 度

（d）右手拇指或食指塞扎条

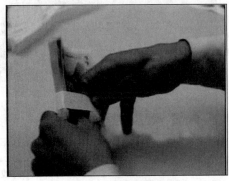

（e）右手拇指或食指塞扎条

（f）扎把完成展示

图 3-5　扎把

（2）扭结式。考核、比赛采用此种方法，需使用绵纸腰条，其具体操作步骤如下。

① 将点过的钞票100张墩齐。

② 左手握钞，使之成为瓦状。

③ 右手将腰条从钞票凸面放置，将两腰条头绕到凹面，左手食指、拇指分别按住腰条与钞票厚度交界处。

④ 右手拇指、食指夹住其中一端腰条头，中指、无名指夹住另一端腰条头，并合在一起，右手顺时针转180°，左手逆时针转180°，将拇指和食指夹住的那一头从腰条与钞票之间绕过、打结。

7. 盖章

盖章是点钞过程的最后一环，在腰条纸上加盖点钞员名章，表示对此把钞券的质量、数量负责，所以每个出纳员点钞后均要盖章，而且图章要盖得清晰，以看得清编号、姓名为准。

8. 错误动作

影响点钞准确度和速度有6种错误动作（见图3-6）。

（a）小臂悬空过高，影响点钞速度　　　　　（b）双臂立于桌面，影响点钞速度

（c）夹钞太松，钞票容易散乱　　　　　（d）左手拇指压钞过大，影响捻钞的力度

图 3-6　错误动作

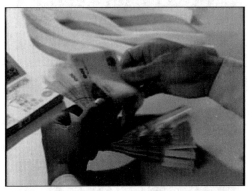

（e）右手捻钞幅度太大，影响点钞的速度　　　　（f）右手捻钞幅度太小，影响点钞的速度

图 3-6　错误动作（续）

（1）小臂悬空过高，影响点钞速度。

（2）双臂立于桌面，影响点钞速度。

（3）夹钞太松，钞票容易散乱。

（4）左手拇指压钞过大，影响捻钞的力度。

（5）右手捻钞幅度太大，影响点钞的速度。

（6）右手捻钞幅度太小，影响点钞的速度。

（三）手持式点钞——多指多张点钞

点钞时用中指、食指依次捻下一张钞票，一次清点两张钞票的方法，叫两指两张点钞法；点钞时用无名指、中指、食指依次捻下一张钞票，一次清点三张钞票的方法，叫三指三张点钞法；点钞时用小指、无名指、中指、食指依次捻下一张钞票，一次清点四张钞票的方法，叫四指四张点钞法。以上统称多指多张点钞法。这种点钞法适用于收款、付款和整点工作，点钞效率高。下面介绍手持式四指拨动点钞。

手持式四指拨动点钞，亦称四指四张点钞法或手持式四指扒点法。它适用于收款、付款和整点工作，是一种适用广泛，比较适合收付款业务的点钞方法。它的优点是速度快、效率高。由于每指点一张，票面可视幅度较大，看得较为清楚，有利于识别假币和挑剔损伤券。

1. 起把

钞券横立，左手持钞。持钞时，手心朝胸前，手指向下，中指在票前，食指、无名指、小指在票后，将钞券夹紧；以中指为轴心五指自然弯曲，中指第二关节顶住钞券，向外用力，小指、无名指、食指、拇指同时向手心方向用力，将钞券压成"U"形，"U"口左偏里，这里要注意食指和拇指要从右上侧将钞券往里下方轻压，打开微扇；手腕向里转动 90°，使钞券的凹面向左但略朝里，凸面朝外向右；中指和无名指夹住钞券，食指移到钞券外侧面，用指尖管住钞券，以防下滑，大拇指轻轻按住钞券外上侧，既防钞券下滑又要配合右手清点。最后，左手将钞券移至胸前约 20cm 的位置，右手五指同时蘸水，作好清点准备（见图 3-7）。

（a）中指、无名指夹钞

（b）左手拇指压弯钞票

（c）左手拇指后抹，食指弯曲

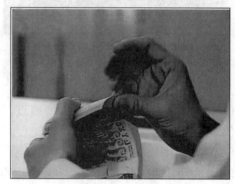
（d）右手拇指托住钞票

图 3-7　起把

2. 清点

两只手摆放要自然。一般左手持钞略低，右手手腕抬起高于左手。清点时，右手拇指轻轻托住内上角里侧的少量钞券；其余四指自然并拢，弯曲成弓形；食指在上，中指、无名指、小指依次略低，4 个指尖呈一条斜线。然后从小指开始，4 个指尖依次顺序各捻下一张，4 个指共捻 4 张。接着以同样的方法清点，循环往复，点完 25 次即点完 100张（见图 3-8）。

图 3-8　四指拨钞，四张一组

用这种方法清点要注意以下几个方面：一是捻钞券时动作要连续，下张时一次一次连续不断，当食指捻下本次最后一张时，小指要紧紧跟上，每次之间不要间歇；二是捻钞的幅度要小，手指离票面不要过远，4 个指头要一起动作，加快往返速度；三是 4 个指头与票面接触面要小，应用指尖接触票面进行捻动；四是右手拇指随着钞券的不断下捻向前移动，托住钞券，但不能离开钞券；五是在右手捻钞的同时左手要配合动作，每当右手捻下一次钞券，左手拇指就要推动一次，两指同时松开，使捻出的钞券自然下落，再按住未点的钞，往复动作，使下钞顺畅自如。

3. 记数

采用分组记数法。以 4 个指头顺序捻下 4 张为一次，每次为一组，25 次即 25 组100 张。

4．扎把与盖章

扎把与盖章的方法与手持式单指单张点钞相同。采用手持式四指拨动法点钞，清点前不必先折纸条，只要将捆扎钞券的腰条纸挪移到钞券左端 1/4 处就可以开始清点，发现问题可保持原状，便于追查。清点完毕后，初点不用勾断腰条纸，复点完时顺便将腰条纸勾断，重新扎把盖章。

（四）手持式点钞——扇面式一指多张点钞

把钞券捻成扇面状进行清点的方法叫扇面式点钞，最适用于整点新券及复点工作，是一种效率较高的点钞方法。但这种点钞方法清点时往往只看票边，票面可视面积小，不适用整点新旧混合的钞券。

扇面点钞一般有拆把、开扇、清点、记数、合扇、墩齐和扎把等基本环节。由于清点方法不同，可分为一按多张点钞及四指多张点钞两种。一次按得越多，点数的难度就越大，初学者应注意选择适当的张数。扇面一按多张点钞的操作要领如下。

1．持钞拆把

钞券竖拿，左手拇指在钞券前，食指和中指在钞券后一并捏住钞券左下角约三分之一处，左手无名指和小指自然弯曲。右手拇指在钞券前，其余四指横在钞券后约二分之一处，用虎口卡住钞券，并把钞券压成瓦形，再用拇指勾断钞券上的腰条纸做开扇准备。

2．开扇

以左手拇指和食指持票的位置为轴心，右手食指和中指将钞券往胸前方向压弯，左手拇指向左捻动钞券。然后右手拇指接替左手拇指和食指的轴心位置，向左捻动钞券，同时食指和中指捏住钞券，在背面向右持续用力捻动，使钞券均匀散开形成扇面。打扇面时，左右两手一定要配合协调，不要将钞票捏得过紧（见图 3-9）。

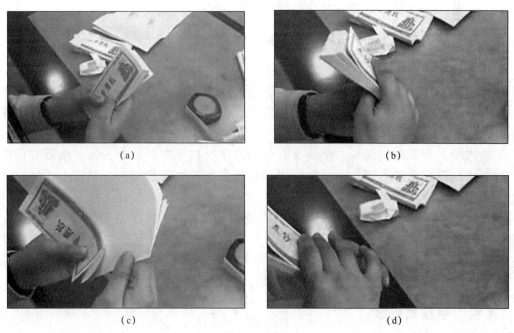

（a）

（b）

（c）

（d）

图 3-9　开扇

3. 清点

清点时，左手持扇面，扇面平持但钞券上端略上翘使钞券略略倾斜，右手中指、无名指、小指托住钞票背面，右手拇指一次按 5 张或 10 张钞券，按下的钞券由食指压住，接着拇指按第二次，依此类推。同时，左手应随着右手点数的速度以腕部为轴稍向怀里方向转动，用这种方法清点时，要注意拇指下按时用力不宜过大，下按时拇指一般按在钞券的右上角。从下按的张数来看，如出纳员经验丰富，也可一次下按 6 张、8 张、12 张、14 张、16 张等（见图 3-10）。

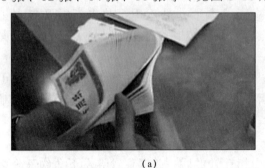 

（a）　　　　　　　　　　　　　（b）

图 3-10　清点

4. 记数

采用分组记数法。一按 5 张即每 5 张为一组，记满 20 组为 100 张；一按 10 张即每 10 张为一组，记满 10 组即为 100 张。其余类推。

5. 合扇

清点完毕即可合扇。合扇时，左手用虎口松拢钞券向右边压；右手拇指在前，其余四指在后托住钞券右侧并从右向左合拢，左右手一起往中间稍用力，使钞券竖立在桌面上，两手松拢轻墩。钞券墩齐后即可扎把。

（五）手持式点钞——扇面式多指多张点钞

扇面式多指多张点钞，有一指下 5 张、6 张、7 张、8 张等，最多可达 15 张，因此这种点钞方法的速度相当快。这种点钞方法的持票拆把、开扇、记数、合扇等方法与扇面一按多张点钞相同，仅清点方法有所区别。故这里只介绍它的清点操作过程，并以四指 5 张为例。

清点时，左手持扇面，右手清点。先用右手拇指下按第一个 5 张，然后右食指沿钞券上端向前移动按下第二个 5 张，中指和无名指依次下按第三、第四个 5 张，这样即完成一组动作。当无名指下按第四个 5 张后，拇指应迅速接着下按下一轮的第一个 5 张，即开始第二轮的操作。4 个手指依次轮流反复操作。由于左手指移动速度快，在清点过程中要注意右臂要随各个手指的点数轻轻向左移动，还应注意每个手指清点的张数应相同。下按 6 张、7 张等钞券的方法与下按 5 张相同。

用 5 个手指、3 个手指、2 个手指均可清点。其清点方法与四指多张相同。

（六）手按式点钞

手按式点钞是将钞券安放在桌面上进行清点的点钞方法。手持式点钞法一般可分为单张点钞、双张点钞、三张和四张点钞、四指拨动点钞、推捻点钞、手扳式点钞等多种方法。

1. 手按式单指单张点钞

手按式单指单张点钞法是一种传统的点钞方法，在我国流传甚广。它适用于收款、付款和整点各种新、旧大小钞券。由于这种点钞方法逐张清点，看到的票面较大，便于挑剔损伤券，特别适宜于清点散把钞券和辅币及残破券多的钞券。

（1）起把。将钞券横放在桌面上，一般在点钞员正胸前。左手小指、无名指微弯按住钞券左上角，约占票面三分之一处，食指伸向腰条纸并将其勾断，拇指、食指和中指微屈作好点钞准备（见图3-11）。

图 3-11 起把

（2）清点。右手拇指托起右下角的部分钞券，用右手食指捻动钞券，其余手指自然弯曲。右手食指每捻起一张，左手拇指便将钞券推送到左手食指与中指间夹住，这样就完成了一次点钞动作。以后依次连续操作。

左手的拇指、中指、食指在清点过程中，每捻起一张都需要动作，不仅影响速度，而且钞券容易滑动以致松散，不易清点，手指也很累。清点时可按以下要领操作：当右手食指每捻起一张时先由左手拇指切数并用拇指和食指夹住；捻数张后，左手拇指再将钞券推送到食指和中指之间夹住。一般捻起5张或10张后左手拇指便推动一次（见图3-12）。

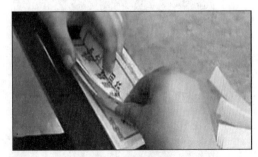

图 3-12 清点

用这种方法清点时，应注意右手拇指托起的钞券不要太多，否则会使食指捻动困难；也不宜太少，太少会增加拇指活动次数，从而影响清点速度。一般一次以20张左右为宜。

（3）记数。记数可采用双数记数法，数到50即为100张；也可采用分组记数法，以10张为一组记数。记数方法与手持式单指单张基本相同。

2. 手按式翻点点钞

手按式翻点点钞也叫手扳式点钞。它的优点是速度快、效率高，清点比较省力，劳动强度较小。但由于翻动时看到的票面小，残破券、假钞及夹版不易被发现和剔除，因此新旧大小版面混在一起或残破币太多的钞券，不宜用这种方法清点。

（1）起把。先双手持票。持票时，钞券竖立，两手拇指在前，其余四指在后，捏住钞券（捏在约占票面的四分之一处）。然后右手把钞券顺时针方向转动，左手拇指配合右手将钞券向右推，使钞券成微扇形。打开扇面后，将钞券竖放在桌面上，下端伸出桌面约2cm以便右手将钞券扳起。放票时也可不打开扇面。安放好钞券后，左手小指、无名指、中指按住钞券的左侧，拇指和食指自然弯曲，做好点钞准备（见图3-13）。

图3-13　起把

（2）清点。右手除拇指外，其余四指自然弯曲。用拇指指尖和食指第一关节捏住钞券右下角部分钞券后，以拇指和食指捏的位置为轴心，右手腕动将钞券向左上方翻开，使钞券均匀散开形成扇形。左手拇指对右手翻开的钞券进行切数，一般一次切5张，每切一次便将钞券送到食指和中指间夹住，同时右手拇指和食指放开已被切数的钞券（见图3-14）。

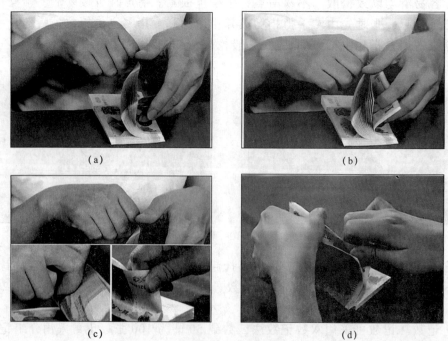

(a)　　(b)　　(c)　　(d)

图3-14　清点

（3）记数。采用分组记数法。如一次翻 5 张的以 5 张为一组，记满 20 组即为 100 张；如一次翻 6 张的以 6 张为一组，记满 16 组余 4 张即为 100 张。其他依此类推。

3．手按式多指拨动点钞

手按式多指拨动点钞可以采用双指拨动方式、三指拨动方式或四指拨动方式。双指拨动时，用右手食指从钞券右上角向胸前拨起第一张，紧接着中指拨起第二张，拨起的钞券用左手拇指推送到左手的食指和中指之间夹住；三指拨动时，用右手食指从钞券右上角向胸前拨起第一张，紧接着中指和无名指顺序各拨起一张，拨起的钞券用左手拇指推送到左手的食指和中指之间夹住；四指拨动时，用右手食指从钞券右上角向胸前拨起第一张，紧接着中指、无名指、小指顺序各拨起一张，每拨起四张用左手拇指推送到左手的食指和中指之间夹住。用这种方法清点时，要注意右手用力的方向，右手各手指拨起钞券时要往胸前方向用力，但也要略向左，一味向左边或向胸前方向用力，都很难拨动钞券，影响点钞速度（见图 3-15）。

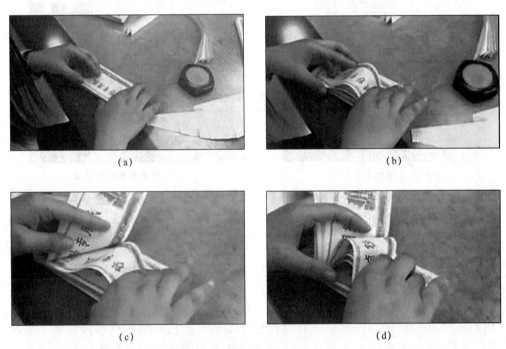

(a)　　　　　　　　　　　　(b)

(c)　　　　　　　　　　　　(d)

图 3-15　手按式多指拨动点钞

4．手按式多指捻点点钞

手按式多指捻点点钞可采用双指捻点、三指捻点或四指捻点的方式，是在手按式单指单张点钞的基础上发展起来的点钞方法，因此它们点钞的基本方法与手按式单指单张点钞基本相同，只是清点和记数略有不同。其清点和记数的要领如下。

（1）清点。双指捻点时，左手的小指、无名指压在钞券的左上方约占票面的四分之一处，右手拇指、食指、中指蘸水后，用拇指托起部分钞券，用中指向上捻起第一张，随即用食指捻起第二张，捻起的这两张钞券由左手拇指送到左手食指和中指之间夹住；三指捻点时，先用无名指捻起第一张，随即用中指、食指顺序捻起第二张和第三张；四指捻点时，先用小拇指捻起第一张，随即用无名指、中指和食指分别捻起第二张、第三张和第四张，捻起的三张或四张钞券用左手拇指向上推送到左手食指和中指之间夹住（见图3-16）。

（a）右手拇指托起适量钞票

（b）右手食指插入缝隙内

（c）左手拇指上拨钞票

（d）左手食指挡住钞票

图3-16 手按式多指捻点点钞

（2）记数。采用分组记数法。双指捻点法以2张为一组，记满50组即为100张；三指捻点法以3张为一组，记满33组还剩一张即为100张；四指捻点法以4张为一组，记满25组即为100张。

（七）机器点钞

机器点钞就是使用点钞机整点钞以代替手工整点。由于机器点钞代替手工点钞，对提高工作效率，减轻出纳人员劳动强度，加速资金周转都有积极的作用。

1. 点钞机的一般常识

点钞机由三大部分组成（见图 3-17）。第一部分是捻钞；第二部分是计数；第三部分是传送整钞。

捻钞部分由下钞斗和捻钞轮组成。其功能是将钞券均匀地捻下送入传送带。捻钞是否均匀，计数是否准确，其关键在于下钞斗下端一组螺丝的松紧程度。使用机器点钞时，必须调节好螺丝，掌握好下钞斗的松紧程度。

计数部分（以电子计数器为例）由光电管、灯泡、计数器和数码组成。捻钞轮捻出的每张钞券通过光电管和灯泡后，由计数器记忆并将光电信号转换到数码管上显示出来。数码管显示的数字，即为捻钞张数。

传送整钞部分由传送带和接钞台组成。传送带的功能是传送钞券并拉开钞券之间的距离，加大票币审视面，以便及时发现损伤券和假币。接钞台是将落下的钞券堆放整齐，为扎把做好准备。

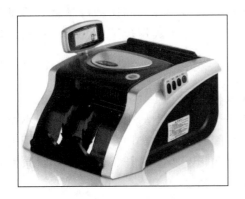

图 3-17　点钞机及其组成

2．点钞前的准备工作

（1）点钞机的放置。点钞机一般放在桌上，点钞员的正前方，离胸前 30cm 左右。临柜收付款时也可将点钞机放在点钞桌肚内，桌子台面上用玻璃板，以便看清数字和机器运转情况。

（2）钞券和用具的放置。机器点钞是连续作业，且速度相当快，因此清点的钞券和操作的用具摆放位置必须固定，这样才能做到忙而不乱。一般未点的钞券放在机器右侧，已经清点的钞券放在机器左侧；腰条纸应横放在点钞机前面即靠点钞员胸前的那一侧。其他各种用具放置要适当、顺手（见图 3-18）。

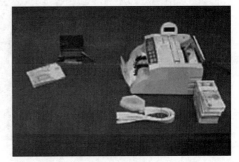

图 3-18　点钞机、钞券和用具的放置

（3）试机。首先检查各机件是否完好，再打开电源，检查捻钞轮、传送带、接钞台运行是否正常，灯泡、数码管显示是否正常。然后开始调试下钞斗和松紧螺母，通常以壹元券为准，调到不松、不紧、不夹、不阻塞为宜。调试时，右手持一张钞券放入下钞斗，捻钞轮将券一捻住，马上用手抽出，以捻得动抽得出为宜。

调整好点钞机后，还应拿一把钞券试试，看看机器转速是否均匀，下钞是否流畅、均匀，点钞是否准确，落钞是否整齐。若传送带上钞券排列不均匀，说明下钞速度不均，调节下钞斗底冲口的螺丝；若出现不整齐、票面歪斜现象，说明下钞斗与两边的捻钞轮相距不均匀，往往造成距离近的一边下钞慢，钞券一端向送钞台倾斜，传送带上钞券呈一斜面排列，反之下钞快。这时应将下钞斗两边的螺丝进行微调，直到调好为止。

3. 点钞机操作程序

点钞机的操作程序与手工点钞操作程序基本相同。

（1）持钞拆把放钞。用右手从机器右侧拿起钞券，拇指与中指、无名指、小指分别捏住钞券两侧，将钞券横捏成瓦形，中指在中间自然弯曲。用左手将腰条纸抽出，同时右手拇指和食指捏住钞券上侧边，中指、无名指、小指松开，使钞券弹回原处并自然形成微扇面，这样即可将钞券放入下钞斗（见图 3-19）。

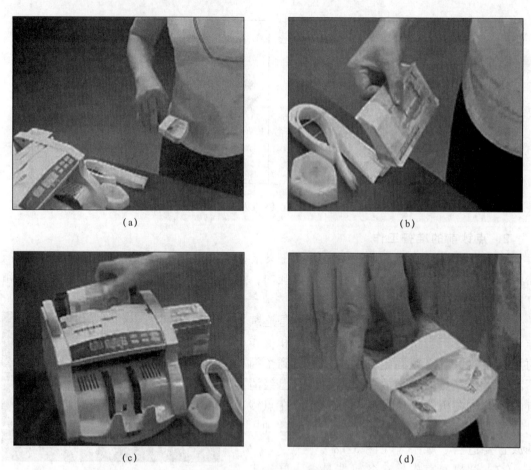

（a）　　　　　（b）

（c）　　　　　（d）

图 3-19　持钞拆把放钞

（2）点数。将钞券放入下钞斗，不要用力。钞券经下钞斗通过捻钞轮自然下滑到传送带，落到接钞台。下钞时，点钞员眼睛要注意传送带上的钞券面额，看钞券是否夹有其他票券、损伤券等，同时要观察数码显示情况。

拆下的封条纸先放在桌子一边不要丢掉，以便查错用（见图 3-20）。

（3）记数。当下钞斗和传送带上的钞券下张完毕时，要查看数码显示是否为"00"或"100"。如反映的数字不为"00"或"100"，必须重新复点。在复点前应先将数码显示置"00"或"0"状态并保管好原把腰条纸。如经复点仍是原数，又无其他不正常因素时，说明该把钞券张数有误，即应将钞券连同原腰条纸一起用新的腰条纸扎好，并在新的腰条纸上写上差错张数，另作处理（见图 3-21）。

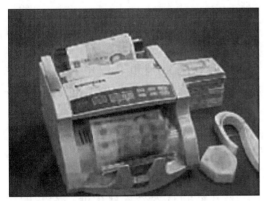

图 3-20　点钞机点数

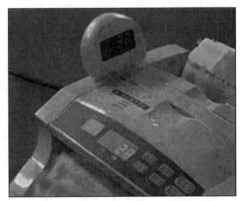

图 3-21　点钞机记数

（4）扎把。一把点完，计数为百张，即可扎把。将钞券从接钞台里拿出，把钞券墩齐进行扎把。

（5）盖章。复点完全部钞券后，点钞员要逐把盖好名章。盖章时要做到先轻后重，整齐、清晰。

由于机器点钞速度快，要求两手动作要协调，各个环节要紧凑，下钞、拿钞、扎把等动作要连贯，当右手将一把钞券放入下钞斗后，马上拆开第二把，准备下钞，眼睛注意观察传送带上的钞券。当传送带上最后一张钞券落到接钞台后，左手迅速将钞券拿出，同时右手将第二把钞券放入下钞斗，然后对第一把钞券进行扎把。扎把时眼睛仍应注意观察传送带上的钞券。当左手将第一把钞券放在桌上的同时，右手拿起的第三把钞券作好下钞准备，顺势抹掉第一把的腰条纸后，迅速从接钞台上的取出第二把钞券进行扎把。这样顺序操作，连续作业，才能提高工作质量和工作效率。可记住口诀：一把投入拆二把，眼睛跟着跑道走；看准计数防差错，左手取钞忌留张；券别把数要分清，右拿左放不混淆；各个环节衔接好，连续作业效率高。在连续操作的过程中，须注意以下问题。

① 原把腰条纸要顺序更换，不得将前把与后把腰条纸混淆，以分清责任。

② 钞券进入接钞台后，左手取钞必须取净，然后右手再放入另一把钞券，以防止串把现象。

③ 如发现钞券把内有其他券种或损伤券时，应随时挑出并补上完整券后才能扎把。

机器点钞连续操作，归纳起来要做到"五个二"即：

二看——看清跑道票面，看准计数。

二清——券别、把数分清和接钞台取清。

二防——防留张，防机器吃钞。

二复——发现钞券有裂缝和夹带纸片要复，计数不准时要复。

二经常——经常检查机器底部，经常保养、维修点钞机。

4．机器点钞差错及预防

（1）接钞台留张。左手到接钞台取钞时，有时会漏拿一张，造成上下把不符。

预防：取尽接钞台内的钞券，或采取不同的票面交叉进行清点。

（2）机器"吃钞"。引起机器吃钞的主要原因是：钞券较旧，很容易卷到机器肚内；出钞歪斜，容易引起输钞紊乱、挤扎或飞张。

预防：调整好面板和调节螺丝，使下钞流畅、整齐。输钞紊乱、挤扎时要重新清点一遍。

（3）多计数。造成多计数的原因主要有：机器在清点辅币、旧币时容易发生飞张造成多计数；钞券开档破裂或一把钞券内残留腰条纸、杂物等，也会造成多计数。

预防：可将钞券调头后再清点一遍，或将机器内杂物、腰条纸取出后再点一遍。

（4）计数不准。计数不准除了电路毛病和钞券本身的问题外，光电管、小灯泡积灰，或电源、电压大幅度升降都会造成多计数或少计数。

预防：经常打扫光电管和小灯泡上的灰尘，荧光数码管突然计数不准，要立即停机，检查机器的线路或测试电压等。

（八）硬币整点

硬币的整点基本方法有两种，一是手工整点，二是工具整点。手工整点硬币一般用于收款时收点硬币尾零款，大批硬币整点需用工具来整点。

1．手工整点硬币

手工整点硬币一般分为拆卷、清点、记数、包装和盖章 5 个环节，其操作要领如图 3-22 所示。

（1）拆卷。新包装纸平放在桌子上。以双手的无名指顶住硬币卷两端，拇指与食指、中指捏住硬币的两侧将硬币卷向下震动，同时双手将硬币卷左右扭动，使包装纸裂开。左手食指平压硬币，右手抽出已裂开的包装纸。

（2）清点。清点时，用右手拇指和食指将硬币从右向左分组清点，或用左手拇指和食指从左向右分组清点。

（3）记数。采用分组记数法，一次为一组。如一次清点 10 枚，那么点 10 组即为 100 枚。

（4）包装。将 50 枚或 100 枚硬币包成一卷。包装时，双手的无名指分别顶住硬币的两端，拇指、食指、中指捏住硬币的两侧，将硬币放在包装纸上；将包装纸里侧向上折起卷住硬币，用掌心用力向外推卷，随后用双手的拇指、食指和无名指分别把两头包装纸向中间方向折压紧贴硬币，使包装纸与硬币贴紧。硬币的包装要求紧，能松，两端不能露出硬币。

（5）盖章。多卷硬币包装完毕后，一起横放或竖放在桌面上，一手拿名章，一手滚动硬币卷，使名章盖在硬币卷上。

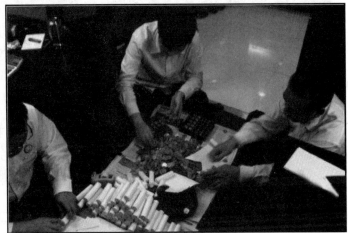

图 3-22 手工整点硬币

2. 工具整点硬币

工具整点硬币主要借助于硬币整点器。这种硬币整点器内有根据 1 元、5 角、1 角、5 分、2 分、1 分 6 种硬币的直径设计的 6 种相应的弧形槽式分币板，又根据流通中各种硬币的平均厚度，固定了 100 枚或 50 枚硬币总长度，每次可清点 100 枚或 50 枚硬币。它由两部分组成，一部分是定槽，另一部分是动槽，动槽可以前后移动，动槽和定槽相间均等排列，每一个槽相当于 5 枚硬币的厚度。当清点员按动动槽时，硬币便以 5 枚一组被分开，便于点数。这种工具使用简便，携带也方便，功效高。

工具整点硬币一般分为拆卷、清点、记数、包装和盖章 5 个环节（见图 3-23）。其操作要领如下。

（1）拆卷。在硬币整点器的右端安装一个刀刃向上的小刀片，拆卷时双手的拇指、食指、中指捏住硬币的两端，从左端向右端从刀刃上划过，包装纸被刀刃划破一道口子，将硬币放进整点器槽内，然后将被划开的包装纸取出准备清点。

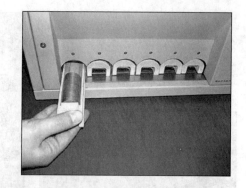

图 3-23　工具整点硬币

（2）清点。硬币落入整点器后，先用双手食指将硬币顶向左端，再推动整点器两边的推钮。通过动槽的移动，硬币等量交错。眼睛从左端看到右端，检查每槽是否 5 枚，重点检查右边最后一个槽。准确无误后，两手松开，硬币自动回到原位。如有氧化变形及伪币就及时剔出并如数补充后准备包装。

（3）包装。双手的中指顶住硬币的两端，拇指在卷里边，食指在卷外边将硬币的两端捏住。向中间稍用力，从整点器内将硬币提出放在准备好的包装纸中间。其余包装方法与手工整点硬币包装方法相同。

（九）捆钞

1. 手工捆钞

捆钞是点钞的一个有机组成部分。钞券整点完毕全部扎把盖章后，还需捆扎。捆扎时把钞券按一定的方向排列，按双十字将 10 把捆扎成一捆。捆钞有手工捆钞和机器捆钞两种。

手工捆钞时，将 10 把钞券墩齐叠放，面上垫上衬纸，并将票面的四分之一伸出桌面。左手按住钞券，右手将绳子另一端从右往下绕一圈与绳子的另一端合并，将钞券自左向右转两圈，使绳子形成一个麻花扣。这时钞券横放在桌上，四分之一伸出桌面，左手按住绳子的一头，右手将绳子另一头从右向钞券底下绕一圈，绕至钞券上面左端约四分之一处拧一个麻花扣，然后将钞券翻个面再拧一个麻花扣，最后左手食指按住麻花扣以防松散，右手捏住绳子的另一头，从横线穿过结上死结。捆好后在衬纸上贴上封签，加盖日期戳和点钞员、捆钞员名章（见图 3-24）。

图 3-24　手工捆钞

2. 机器捆钞

（1）做好捆钞前的准备工作。使用捆钞机前，首先要仔细检查捆钞机各部位是否正常。手动捆钞机要检查手柄、齿轮上下运动是否自如；电动和液压捆钞机在捆钞前要打开开关各转一次，检查电动机和液压装是否正常，液压管道有无漏油现象。

检查完毕，调整机器螺丝，使之适合所捆券别的松紧程序，然后固定螺丝。

（2）放绳。将绳子拧成麻花扣，双十字放置在捆钞机底面平台的凹槽内。绳的两头留的长度要相等。

（3）放钞。用两手各取 5 把钞券并在一起墩齐。然后将 10 把钞券叠起，放在捆钞机的平台上，再放衬纸。

（4）压钞。合上活动夹板，右手扳下压力扶手，反复操作，使钞券压到已调整好的松紧度。如为电动捆钞机则按下"紧"开关。

（5）系绳。两手分别捏住绳子的两头，从上端绳套穿过，然后双手各自拉紧，从两侧把绳子绕到钞券的正面，使绳子的两头合拢拧麻花扣。然后用左手按住交叉点，右手捏住绳子的一头，从钞券上面竖线穿过结上死扣，贴上封签，加盖点钞员、捆钞员名章和日期戳（见图 3-25）。

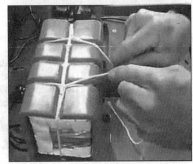

图 3-25　机器捆钞

3．捆扎钞券的有关规定

（1）捆钞时要坚持操作程序，必须每只手各取5把，以防钞券多把或少把，发生差错。

（2）整捆钞券在捆扎时要垫衬纸，用于粘贴封签。衬纸垫在钞券上与其一并捆扎，封签贴在捆扎绳外，要注意衬纸与封签都须切去一角，以便看清票面。

（3）不论是手工捆扎钞券还是机器捆扎钞券，都要以"捆紧"为标准，要通过拉紧捆钞绳，进行交叉固定，使钞券不易松开。

（4）捆扎绳必须完好，不能有结，以防被人解开。最后的死扣结只能打在衬纸表面，并用封签纸粘住。

（5）钞券捆扎完毕，要在封券上加盖日期戳以及点钞员、捆钞员名章，以明确职责，便于查找差错。

（十）典型任务举例

请指出图3-26所示分别属于何种点钞方法。

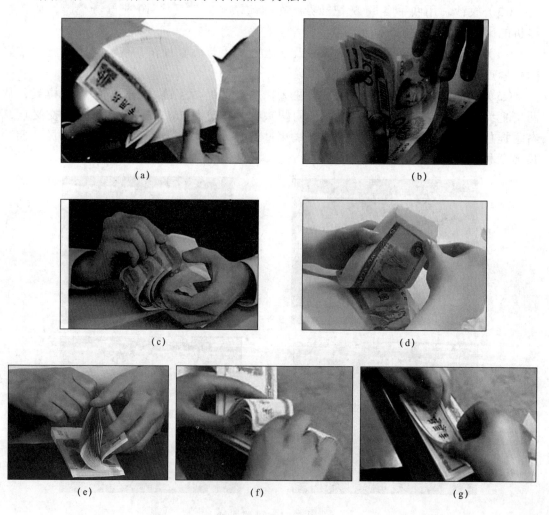

（a）　　（b）

（c）　　（d）

（e）　　（f）　　（g）

图3-26　点钞方法

图 3-26（a）：_____   图 3-26（b）：_____

图 3-26（c）：_____   图 3-26（d）：_____

图 3-26（e）：_____   图 3-26（f）：_____

图 3-26（g）：_____

参考答案：

图 3-26（a）：扇面式点钞   图 3-26（b）：手按式多指捻点点钞

图 3-26（c）：手持式多指多张点钞   图 3-26（d）：手持式单指单张点钞

图 3-26（e）：手按式翻点点钞   图 3-26（f）：手按式多指拨动点钞

图 3-26（g）：手按式单指单张点钞

 能力训练

1．点钞基本功训练

（1）练手。手指活动要灵活，接触的感觉要灵敏，动作的幅度要小，捻钞不重张，以提高捻钞速度。

（2）练眼力。眼睛与手配合，在手指迅速捻动钞币的过程中，能辨别张数、面额、花纹和色彩。

（3）练记数。大脑与手、眼协作，时刻掌握清点的张数，在清点钞币的同时要记数，时刻掌握清点的张数。

2．手工点钞训练

要求：点钞姿势和动作要领要正确，点钞结果必须准确，捆扎结实、符合要求，准确计时，了解自身点钞水平的进展情况。

（1）同桌互练。同桌互相在整把钞券中抽取出若干张钞票，在规定时间内，另一同学对该把钞票进行清点并进行捆扎、签章，同桌交换互相检测。

（2）小组竞赛。每组选出一名优秀点钞选手作为该组代表进行竞赛，清点由老师发给的一把钞票，要求既快又准并且要捆紧钞票、盖章。

3．机器点钞训练

要求：点钞姿势和动作要领要正确，拆把及时，放置合理，验收准确，捆扎结实、符合要求，做到人机合一，有效提高工作效率。

二、验钞

案例导入

南京现 E6T5 开头高仿假币

近日，南京靖安派出所的预警提示，提醒大家警惕 E6T5 开头的高仿假币，并指出鉴别百元假币有 9 大绝招，被广泛转发。该预警指出，这种假币上水印、金属线、阴阳互补对印图案等一应俱全，"100" 字样甚至能像真币轻微变色，不过仔细观察仍能发现破绽。例如，观察 100 元中间的安全线，2005 年版百元钞背面中间偏右有一条开窗安全线，开窗部分可以看到由微缩字符 "¥100" 组成的全息图案，仪器检测有磁性。1999 年百元钞中的安全线，迎光观察，可见 "RMB100" 微小文字，仪器检测有磁性。对此，银行专家也表示，辨别真假币，关键看以下这几点。

一是看水印。在钞票正面冠字号码下方有个"100"的白水印。真币的"100"白水印非常清晰，通透感很好，仰光透视，可以看到透光性很强的"100"字样。而假钞这里虽然也有"100"，但和真币相比，颜色发黄，没有透光效果。这一技巧非常重要，因为在目前所发现的假钞中，白水印很难造假。

二看隐性数字。正面右上方有一装饰性图案，把票面放得和眼睛接近平行，对着光源转角45°能看到面额数字"100"字样。而假币上的"100"是直接印上去的，有点发亮，不用转任何角度都能看到"100"。

三看金属线。真币的安全线是实物线，而假币是没有安全线实物或经过磁性编码处理过的塑料线。

四看光变油墨。这是一个重要防伪点，目前假币还难以仿真。真币上下晃动，"100"的字样会变颜色，一会变蓝一会变绿。假钱因为采用珠光油墨印刷，有很强烈的闪光效果，但完全不会变色。

五看古钱币对印图案。对着光亮看，真币两面的图形会合在一起，成为一个非常完整的中国古钱币形状。假币一般不能对接准确，但现在有些假币这一点仿得很真，也能对接准确。因此单纯靠这一点进行鉴别还远远不够。

六摸钞票纸张。假钞普遍手感光滑，没有凹凸感，或者只在局部做成布纹状或用针戳了很多小洞伪造凹凸感。真币纸张发涩。由于人民币真钞采用了雕刻凹版印刷技术，因此票面正面主景毛泽东头像、中国人民银行行名、盲文、手感线及背面主景人民大会堂用手指触摸有明显凹凸感。

（一）人民币沿革

人民币通常是指中国人民银行发行的、在全国范围内流通的中华人民共和国的法定币。从1948年12月1日至今，我国共发行了5套人民币。

1. 第一套人民币

1948年12月1日，中国人民银行总行在石家庄成立，同日开始发行统一的人民币。当时任华北人民政府主席的董必武同志为该套人民币题写了中国人民银行行名。第一套人民币共12种面额62种版别，其中1元券2种、5元券4种、10元券4种、20元券7种、50元券7种、100元券10种、200元券5种、500元券6种、1 000元券6种、5 000元券5种、10 000元券4种、50 000元券2种。由于当时存在着通货膨胀严重以及物价高涨的问题，因此第一套人民币没有发行辅币，没有发行金属货币（见图3-27）。

| 壹圆 | 伍圆水牛 | 伍圆纺织 |

图3-27 第一套人民币

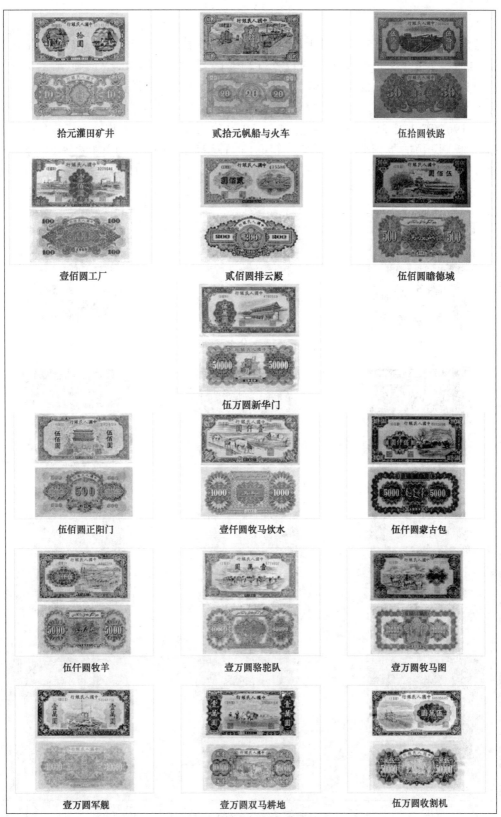

图 3-27 第一套人民币（续）

2. 第二套人民币

第二套人民币 1955 年 3 月 1 日公布发行共 10 种，1 分、2 分、3 分、1 角、2 角、5 角、1 元、2 元、3 元和 5 元，1957 年 12 月 1 日又发行 10 元 1 种。同时，为便于流通，国务院发布命令，自 1957 年 12 月 1 日起发行 1 分、2 分、5 分 3 种硬币，与纸分币等值流通。后来，对 1 元纸币和 5 元纸币的图案、花纹又分别进行了调整和更换颜色，于 1961 年 3 月 25 日和 1962 年 4 月 20 日分别发行了黑色 1 元券和棕色 5 元券，使第二套人民币的版别分别由开始公布的 11 种增加到 16 种。1964 年 4 月 15 日开始限期收回 1955 年版的 3 元、5 元和 10 元纸币，1964 年 5 月 15 日停止收兑和流通使用（见图 3-28）。

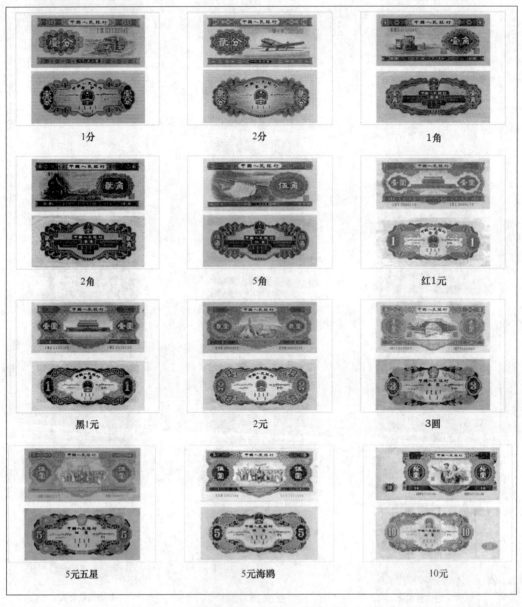

图 3-28 第二套人民币

1分硬币　　　　　　2分硬币　　　　　　5分硬币

图 3-28　第二套人民币（续）

3．第三套人民币

第三套人民币 1962 年 4 月 20 日开始发行，到 2000 年 7 月 1 日停止流通，历时 38 年。主币面值为 1 元、2 元、5 元、10 元 4 种，从这套币起取消了 3 元券的发行，辅币是 1 角、2 角、5 角 3 种，共 7 种面额，是我国自行设计，使用自行研制的印钞专用设备印制（见图 3-29）。

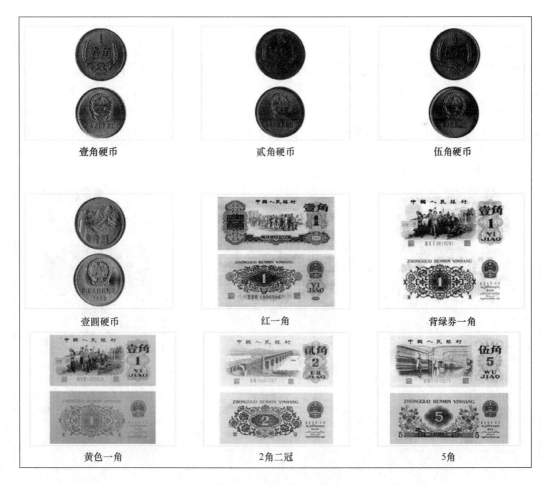

壹角硬币　　　　　　贰角硬币　　　　　　伍角硬币

壹圆硬币　　　　　　红一角　　　　　　背绿券一角

黄色一角　　　　　　2角二冠　　　　　　5角

图 3-29　第三套人民币

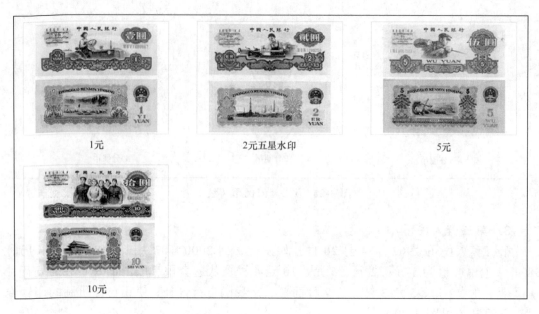

1元　　　　　　　　　　2元五星水印　　　　　　　　　5元

10元

图 3-29　第三套人民币（续）

4. 第四套人民币

　　第四套采取"一次公布，分次发行"的办法，从 1987 年 4 月 27 日开始发行，截至 1997 年 4 月 4 日止，共发行了 9 种面额，14 种票券。其中 1 角券 1 种，2 角券 1 种，5 角券 1 种，1 元券 3 种（1980 年版、1990 年版、1996 年版），2 元券 2 种（1980 年版、1990 年版），5 元券 1 种，10 元券 1 种，50 元券 2 种（1980 年版、1990 年版），100 元券 2 种（1980 年版、1990 年版）（见图 3-30）。中国人民银行自 1992 年 6 月 1 日起发行了第四套人民币 1 元、5 角、1 角硬币。

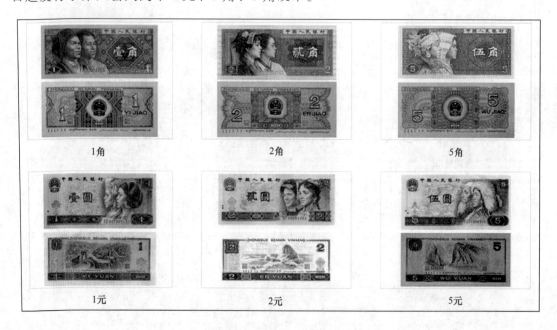

1角　　　　　　　　　　2角　　　　　　　　　　5角

1元　　　　　　　　　　2元　　　　　　　　　　5元

图 3-30　第四套人民币

图 3-30　第四套人民币（续）

5. 第五套人民币

自 1948 年 12 月 1 日发行第一套人民币至今先后发行了五套人民币，其中第一套、第二套、第三套和第四套已不再使用，目前正在使用的是第五套人民币，有 1999 年和 2005 年两个版本。1999 版的第五套人民币共有 1 角、5 角、1 元、5元、10 元、20 元、50 元、100 元 8 种面额，其中 1 元有纸币、硬币 2 种。第五套人民币根据市场流通需要，增加了 20 元面额，取消了 2 元面额，使面额结构更加合理。2005 年，中国人民银行再次发行第五套人民币 100 元、50 元、20 元、10元、5 元纸币和 1 角硬币共 6 种版别，与 1999 年发行的第五套人民币等值流通（见图 3-31 和图 3-32）。

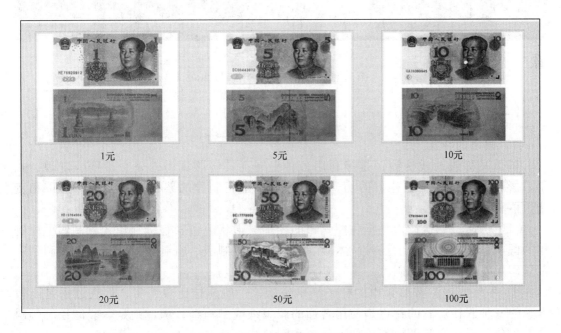

图 3-31　第五套人民币

(a) 1999 年版第五套人民币

(b) 2005 年版第五套人民币

图 3-32 第五套人民币（1999 年版与 2005 年版）

（二）纸币识假

1. 假币的种类

假币又称假钞或伪钞，是指利用各种犯罪工具仿照真币，采用印刷、复印、拓印、影印、描绘以及挖补、剪切、拼凑等方式加工制作的票币，可分为伪造币和变造币两种。

（1）伪造币。伪造币是指仿照真币的图案、形状、色彩等，利用各种制假手段制作的假币，一般通过手工描绘、木版、石版、照相制版、机制套印、拓印以及利用彩色复印机复印等方法仿制。

① 手绘假钞。按照真币的样子临摹仿绘，一般质量比较粗劣，但在过去是比较常见的一种假钞。它的特点是使用普通的胶版纸或书写纸，颜色则是一般的绘画颜料或广告色，看起来笔调粗细不匀，颜色和图纹与真币差异较大。

② 蜡印假钞。这是手工刻制蜡纸版油印的假钞。它的制作方法一般是在蜡纸上

按照真币的样子刻制图纹蜡版，再以油墨黑白漏印在纸上，然后在图纹上着颜色。也有的是用彩色油墨，在蜡版上印刷。它的特点是由于刻制蜡版时手法有轻有重，使蜡版漏墨多少不一样，结果颜色深浅不一，很不协调，漏墨过多的地方还易出现油浸现象。又因蜡纸比较柔软，印制中容易使图纹变形。所以，这类假钞较易识别。

③ 石印假钞。这是用石版和石印机印制的假钞。它的制作方法一般是在石板上手工或用机器雕刻制成印版，然后在小型机具上印制。这类假钞的质量虽比前述两类假钞好一些，但印制效果仍较粗劣。由于石版较硬，容易出现油墨外溢或油浸现象，并且因印版表面不平整，使印出的图纹虚虚实实深浅不一，画面不协调。由于印版刻制不精确，套色印刷也不可能十分准确，从而出现重叠、错位、漏白等问题，对其识别也较容易。

④ 手刻凸版假钞。这是木质印版印制的假钞。这种假钞的制作方法是用木板作为基料，采取手工雕刻方法制成凸版的印版，在小型机具上印制的。它的特点也是质量粗劣。由于木板有天然的木质纹路，纹路与非纹路之处吃墨程度不一样，从而印出的图纹往往也有深有浅，套色也不准确，存在重叠、错位等现象，也较易识别。

⑤ 拓印假钞。这是用真币拓印成的假钞。它的制作方法是以真币为基础，用某种化学药品使真币上的图纹油墨脱离一部分拓印到另外的纸上而形成假钞。这种假钞又叫作拓印币，它的图案、花纹等和真币完全一样，无懈可击，但由于它只得到真币上的一部分油墨，因此墨色较浅，画面形态显得单薄清秀，给人以一种膜脆的感觉。真币被拓印后也遭受到一定损坏，有的颜色变浅或图纹模糊不清，又叫作被拓印币。被拓印币虽是真币形成的，但它的背后必定有拓印假币，因此更值得注意。

⑥ 复印合成假钞。这是利用黑白复印机制作的假钞。它的制作方法是先将真币在复印机上复印出真币的黑白图案花纹，再用彩色套印的方法合成钞票样的假钞。这种假钞的印制效果比前述各种假钞要精细些，但在人民币的各种防假措施面前它的仿制却无能为力，特别是在纸张、油墨等方面难以乱真，通过一定方法即可予以鉴别。

⑦ 机制假钞。这是利用特制的机器设备伪造的假钞。它的制作方法一般是用手工或机器雕刻制版，或利用照相、电子扫描分色制版，在中小型印刷机上印制。机制假钞又有机制胶印假钞和机制凹印假钞之分。这类假钞仿造的效果逼真，一次印制的数量也较多，易于扩散，危害较大。虽然它采用了较高级的设备和真币的个别印制技术，容易以假乱真，但它不可能使用人民币的全部防伪技术，总还是存在种种漏洞和伪造的痕迹，通过一定的方法仍能予以鉴别。

⑧ 彩色复印假钞。这是利用彩色复印设备伪造的假钞。这种假钞的制作，需要比较高级的彩色复印设备，一般的伪造者是无法解决的。彩色复印在图纹、图景方面容易做到逼真，但在纸张、油墨、凹印等方面与真币有明显区别，通过一定的仪器或高倍显微镜就可以看出它的破绽。

⑨ 照相假钞。这是利用真币照版制作的假钞。它的制作方法是把真币拍摄、冲洗成照片，经过剪贴制作的。这种假钞的纸张厚、脆，易于折断，并且假钞表面有光泽，与真币截然不同，较易识别。

⑩ 剪贴假钞。这是剪贴真币图片制成的假钞。它的制作方法是，将报纸、刊物或画

册上印的人民币图片剪下来，正面和背面粘合起来即成。这种假钞与真币的差别很大，报刊图片的纸薄而绵软，画册图片的纸一般较厚而脆硬，并且币面的颜色和大小都不一样，很易识别。

图 3-33 涂改币

（2）变造币。变造币指在将真币采用挖补、剪贴、拼凑、涂改、揭层等手段，以少变多、以小变大制作的变形票币，主要有以下 3 种类型。

① 涂改币。这是将真币票面金额用化学药剂涂掉，再用油墨或颜料加以涂改，使其面额增大的假钞。涂改部分在颜色、花纹等方面和真币有明显的不一样，它的破绽是较易识别的（见图 3-33）。

② 剪贴币。这是将真币剪贴拼凑成局部缺位，由 5 张拼成 6 张，或 8 张拼成 10 张。也有将票面金额部分进行挖补，使其面额增值。拼凑、挖补部分的图案、花纹、线条不能完全对接准确，有时对接的花纹、线条本来就是不一样的，只要留心注意，就可以发现问题（见图 3-34）。

图 3-34 剪贴币

③ 揭页币。这是将真币的纸层揭开，一分为二，再用其他纸张粘贴于背后的单面假钞。虽然其图案、花纹等都和真币一样，但它另外一面是空白的，只能掺在众多的真币当中，滥竽充数，蒙混过关，在清点大批量钞票时应注意这类假钞（见图 3-35）。

图 3-35 揭页币

2. 第五套人民币防伪特征

企业的会计、收银人员需快速、准确地鉴别人民币真伪，就要熟悉并掌握人民币的防伪特征。由于目前流通的是第五套人民币，因此这里主要介绍第五套人民币的防伪特征。第五套人民币到目前为止已发行了两版，分别是 1999 年版和 2005 年版，100

元防伪特征如图 3-36 所示。

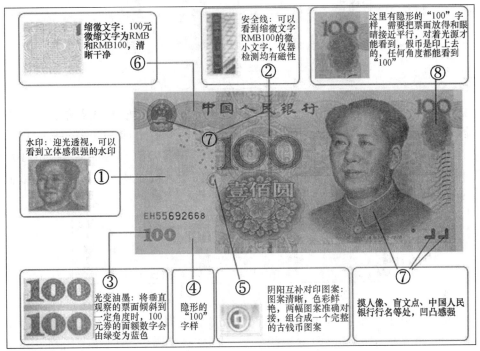

图 3-36 第五套人民币面值 100 元防伪特征

（1）固定人像和花卉水印。100 元、50 元人民币票面正面左侧空白处，迎光透视，可见与主景人像相同、立体感很强的毛泽东头像水印。20 元、10 元、5 元、1 元人民币可见花卉水印，20 元是一朵荷花，10 元是月季花，5 元是水仙花，1 元是兰花（见图 3-37）。

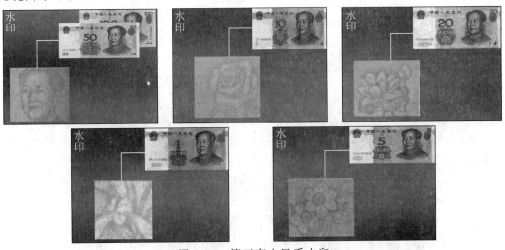

图 3-37 第五套人民币水印

（2）安全线。第五套人民币 1999 版的 5 种纸币均采用了安全线技术。100 元、50 元采用了磁性缩微文字安全线，迎光观察，可见"RMB 100"微小文字，仪器检测有磁性；20 元采用了带有磁性且明暗相间的安全线；10 元、5 元的正面中间偏左处带有全息磁性开窗式安全线（见图 3-38）。

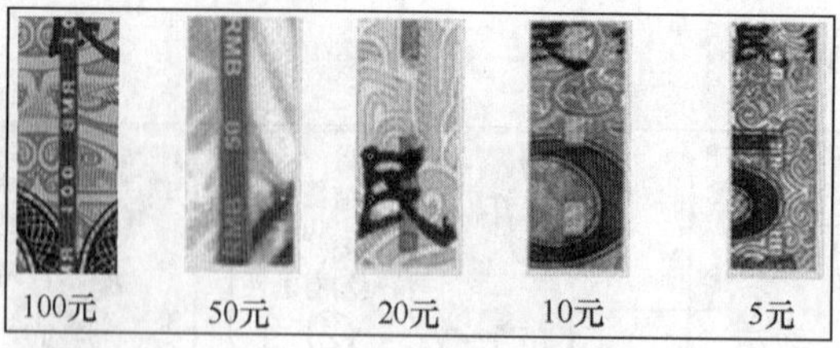

图 3-38　第五套人民币安全线

2005 年版均为全息磁性开窗安全线，将原磁性微缩文字安全线调整为全息磁性开窗安全线。100 元、50 元的背面中间偏右，有一条开窗安全线，开窗部分可以看到由缩微字符"RMB 100、RMB 50"组成的全息图案，仪器检测有磁性。20 元、10 元、5 元的窗开在正面中间偏左处。开窗安全线，指局部埋入纸张中，局部裸露在纸面上的一种安全线（见图 3-39）。

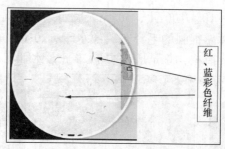

图 3-39　第五套人民币全息磁性开窗安全线

（3）红、蓝彩色纤维。1999 年版在票面上，有不规则分布的红色和蓝色纤维（见图 3-40）。假币墨色平滑，票面主景线条粗糙，立体感差；票面线条由网、点组成，呈点状结构；无红蓝彩色纤维。

图 3-40　第五套人民币红蓝彩色纤维

（4）白水印。2005 年版取消了红、蓝彩色纤维，增加了透光白水印，在票面正面双色异形横号码下方，迎光透视，可以看到透光性很强的面额数字白水印（见图 3-41）。

图 3-41　第五套人民币白水印

（5）光变油墨面额数字。第五套人民币首次采用了光变油墨技术，用来印刷 100 元和 50 元券的面额数字。票面正面左下方"100"字样，与票面垂直角度观察为绿色，倾斜一定角度则变为蓝色，50 元则由金黄色变淡绿色（见图 3-42）。假币面额数字不变色，有些假币用铅笔涂抹来仿照变色效果。

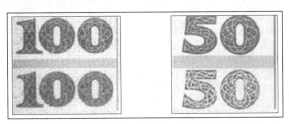

图 3-42 第五套人民币光变油墨面额数字

（6）雕刻凹版印刷。票面正面主景的毛泽东头像、中国人民银行行名、面额数字、盲文及背面主景人民大会堂等均采用雕刻凹版印刷，用手指触摸有明显的凹凸感。1999 年版 1 元和 2005 年版各面值正面主景图案右侧，有一组自上而下规则排列的线纹——凹印手感线，有极强的凹凸感（见图 3-43）。假币整张钞票手感平滑，无凹凸感。

（7）手工雕刻头像。票面正面主景毛泽东头像，采用手工雕刻凹版印刷工艺，形象逼真、传神，凹凸感强，易于识别（见图 3-44）。

图 3-43 第五套人民币雕刻凹版印刷　　　　图 3-44 第五套人民币
　　　　　　　　　　　　　　　　　　　　　　　手工雕刻头像

（8）阴阳互补对印图案。1999 年版票面正面左下方和背面右下方均有一圆形局部图案，2005 年版票面正面左边中间和背面右边中间部位均有一圆形局部图案，迎光观察，正背面图案重合并组合成一个完整的古钱币图案（见图 3-45）。假币对印图案错位，或重叠。

（a）1999 年版阴阳图案　　　　（b）2005 年版阴阳图案

图 3-45 第五套人民币阴阳互补对印图案

（9）隐形面额数字。票面正面右上方有一椭圆形图案，将钞票置于与眼睛接近平行的位置，面对光源作平面旋转 45° 或 90°，即可看到面额数字。2005 年版接近与眼平行位置对光源上下晃动可见隐形面额数字（见图 3-46），没有隐形面额数字的是假币。

图 3-46　第五套人民币隐形面额数字

（10）胶印缩微文字。100 元、50 元、10 元和 5 元票面的正上方，20 元票面的正面右侧和下方以及背面图案中，多处印有胶印缩微文字，在放大镜下可看到"RMB"和相应面额的阿拉伯数字（见图 3-47），假币胶印缩微文字模糊不清。

图 3-47　第五套人民币胶印缩微文字

（11）双色横号码及横竖双号码。1999 年版 100 元、50 元为横竖双号码（均为两位冠字、八位号码），100 元横号为黑色，竖号为蓝色；其余面额为双色横号码，号码左半部分为红色，右半部分为黑色。2005 年版 100 元、50 元为双色异型横号码，左半部分为暗红色、右半部分为黑色，字符由中间向左右两边逐渐变小，其余面额同 1999 年版。真币黑色部分有磁性，假币无磁性（见图 3-48）。

图 3-48　第五套人民币双色横号码及横竖双号码

（12）无色荧光油墨印刷图案。正面"中国人民银行"行名下方胶印底纹处，在特定波长的紫外光下可以看到相应面额阿拉伯数字字样，该图案采用无色荧光油墨印刷，可供机读（见图 3-49）。

图 3-49　第五套人民币无色荧光油墨印刷图案

（13）有色荧光油墨印刷图案。100 元背面正上方椭圆形图案中的红色纹线，在特定波长的紫外光下显现明亮的桔黄色；20 元券背面的中间在特定波长的紫外光下显现绿色荧光图案；50 元券背面在紫外光下也会显现图案（如图 3-50）。假币图案在紫外灯下图案色彩单一、较暗淡，颜色浓度及荧光强度较差。

图 3-50　第五套人民币有色荧光油墨印刷图案

（14）凹印缩微文字。第五套人民币 5 种纸币都印有凹印缩微文字，必须借用放大镜才能分辨出来。它们分布于 100 元、50 元和 5 元的背面主景下方和右下角的面额数字内；以及 20 元、10 元和 5 元正面右上方的装饰图案中。通过放大镜，可看到"RMB和相应的面额数字"字样。假币凹印缩微文字模糊不清。

（15）凹印接线印刷技术。正面中间偏左及背面左下角的面额数字，均采用雕刻凹版印刷，每根线条上的两种颜色对接完整。

（16）胶印接线印刷技术。正面上方胶印装饰图案由线条组成，每根线条呈现出两种以上颜色，不同颜色之间对接完整。

（17）变色荧光纤维。在特定波长紫外光下可以看到纸张中有不规则分布的黄色和蓝色荧光纤维。

（18）专用纸张。第五套人民币的纸张采用棉短绒和高质量木浆为原料，由专用抄造设备抄制的印钞专用纸张印制，在紫外光下观察无荧光反应。

3．人民币的识别方法

由于伪造假币的仿真技术较高，因此鉴别时多采用综合鉴别的方法，最常用的方法就是一"看"、二"摸"、三"听"、四"测"。

看：迎光观察人民币的水印、红蓝彩色纤维、阴阳互补对印图案和安全线；旋转票面观察光变油墨及面额数字。

摸：指用手摸票面凹印部位。真币有明显的凹凸感，而假币的相应部位手感光滑，无凹凸感，还有的假币用涂抹胶水来模仿凹印效果。

听：指手持钞票凭空抖动或轻弹票面，辨别其发出的声音，真币的纸张坚韧耐折，声音清脆，假币的纸张发出声音比较沉闷。

测：指借助仪器检测人民币的缩微文字、荧光反应以及磁信号。假币大多不含荧光纤维，缺少荧光图案，即使有荧光图案，其颜色也往往不正，亮度偏暗。

（1）眼看。眼看检查 3 个重点：纸张水印、安全线、正背对印。用眼睛仔细地观察票面外观颜色、固定人像水印、安全线、胶印缩微文字、红色和蓝色纤维、隐形面额数字、光变油墨面额数字、阴阳互补对印图案、横竖双号码等。找出破绽、漏洞及伪造痕迹。

真币的图案颜色协调，图案、人像层次丰富，富有立体感，人物形象表情传神，色调柔和亮丽；票面中的水印立体感强，层次分明，灰度清晰；安全线牢固地与纸张黏合在一起，并有特殊的防伪标记；阴阳互补对印图案完整、准确；各种线条粗细均匀，直线、斜线、波纹线明晰、光洁（见图 3-51～图 3-54）。无以上特征的均为假币。

图 3-51　固定人像水印识别

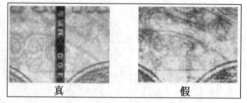

图 3-52　安全线识别

图 3-53　对印技术识别

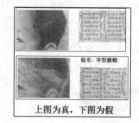

图 3-54　凹印技术识别

（2）手摸。手摸检查 3 个部位：凹印手感线与人像衣领下方、大面额数字、盲文面额标记。手摸检查的主要方法：第一，钞票的纸质。人民币是采用特种材料，用专用设备制造而成，其纸质表面光滑、厚薄均匀，纸张挺括，手感好。第二，钞票人像、行名、面额数字、盲文面额标记、深色花边等，它们采用雕刻凹版印刷技术，用手触摸有凹凸感，用手指来回抚摸时发涩（见图 3-55）。假钞多采用平版胶印或复印机复印，墨层薄，用手指抚摸平滑。

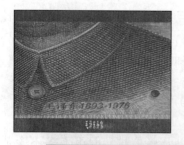

图 3-55　雕刻凹版印刷技术

（3）耳听。耳听检查 3 个重点："抖"、"甩"、"弹"。耳听检查的主要方法：通过抖动钞票使其发出声响，根据声音来分辨人民币真伪。六成新以上的钞票，用手抖、甩、弹时，真钞能够发出清脆的声音，而假钞声音发闷。

（4）检测。检测就是借助一些简单工具和专用仪器进行钞票真伪识别的方法。例如，借助放大镜来观察票面线条的清晰度，胶、凹印缩微文字等；用紫外灯光照射钞票，观察有色和无色荧光油墨印刷图案，纸张中不规则分布的黄、蓝两色荧光纤维；用磁性检测仪检测黑色横号码的磁性。

眼看、手摸、耳听是在长期的实践中，总结出来的 3 个最简便易行的实用方法，是鉴别真假人民币的最基本、最常用的方法，一般的假币采用这 3 种方法就能够识别出来。极少数伪造水平比较高的机制假币，采用这些方法还难以确定，就需要借助于仪器来进行检测鉴别。

（三）硬币识假

1. 看颜色

通过观察颜色来辨别真假。由于部分假硬币所使用的材质与真币不同，所以颜色上有一定的差异，有些假硬币缺乏金属光泽，甚至表面发乌、生锈（见图 3-56）。

图 3-56　硬币颜色

2. 看外形

通过观察外形来辨别真假。与真币相比，假硬币平整度较差，边部有起毛刺现象，如图 3-47（a）所示，且厚度不均匀，如图 3-57（b）所示，假硬币花纹模糊，图案缺乏层次和立体感，边缘滚字或丝齿清晰度、规整度较差，丝齿齿线不直，光洁度差，丝齿间距与真币不同［见图 3-57（c）］。

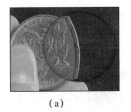
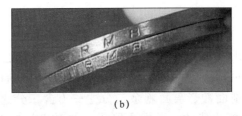

(a)　　　　　　　　　　　(b)　　　　　　　　　　　(c)

图 3-57　硬币外形

3. 对比正背面图案方向

观察硬币的正背面图案方向是否一致。当将硬币水平翻转会发现有些假硬币正背面之间存在一定倾斜角度，而真币正背面之间方向则完全一致（见图 3-58）。

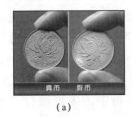

(a)　　　　　　　　　　　　　　　(b)

图 3-58　硬币正背面图案方向

（四）挑剔与兑换残损人民币

《中国人民银行残缺污损人民币兑换办法》规定，从 2004 年 2 月 1 日开始，凡办理人民币存取款业务的金融机构，应无偿为公众兑换残缺、污损人民币，不得拒绝兑换。

残损人民币是残缺人民币和污损人民币的统称。残缺人民币是指票面撕裂或者票面明显缺失了一部分的人民币；污损人民币是指因自然或人为磨损、侵蚀，造成外观、质地受损，颜色变暗，图案不清晰，防伪功能下降，不宜再继续流通使用的人民币。

1．残损人民币挑剔标准

（1）票面缺少部分损及行名、花边、字头、号码、国徽之一或缺角者；

（2）票面有孔洞，直径大于 10mm 者；

（3）裂口长度超过票面长度（或宽度）五分之一或损及花边、图案者；

（4）因票面断裂而粘补者；

（5）票面纸质软、较旧者；

（6）由于油浸、墨渍等造成脏乱污面积较大（大于 $1cm^2$）或涂写字迹较多，妨碍票面整洁者；

（7）票面变色，严重影响图案清晰者；

（8）硬币残缺、穿孔、变形、墨损、氧化损坏花纹者。

2．残损人民币兑换标准

根据《中华人民共和国人民币管理条例》第二十二条规定：办理人民币存取款业务的金融机构，应当按照中国人民银行的规定，无偿为公众兑换残缺、污损人民币，并交存当地中国人民银行分支机构。残缺、污损人民币兑换分"全额""半额"两种情况（见图 3-59）。

（1）全额兑换：能辨别面额，票面剩余四分之三（含四分之三）以上，其图案、文字能按原样连接的残缺、污损人民币，金融机构应向持有人按原面额全额兑换。

（2）半额兑换：能辨别面额、票面剩余二分之一（含二分之一）至四分之三以下，其图案、文字能按原样连接的残缺、污损人民币，金融机构应向持有人按原面额的一半兑换。纸币呈正十字形缺少四分之一的，按原面额的一半兑换。

剩余票面部分小于二分之一的，不予兑换。兑付额不足一分的，不予兑换；五分按半额兑换的，兑付二分。

金融机构在办理残缺、污损人民币兑换业务时，应向残缺、污损人民币持有人说明认定的兑换结果，不予兑换的残缺、污损人民币应退回原持有人。残缺、污损人民币持有人对金融机构认定的兑换结果有异议的，经持有人要求，金融机构应出具认定证明并退回该残缺、污损人民币。

持有人可凭认定证明到中国人民银行分支机构申请鉴定，中国人民银行应自申请日起 5 个工作日内做出鉴定并出具鉴定书。持有人可持中国人民银行的鉴定书及可兑换的残缺、污损人民币到金融机构进行兑换。

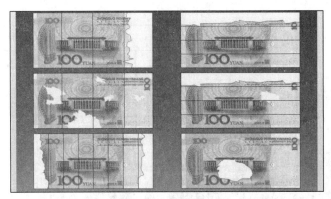

（a）全额兑换

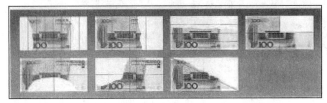

（b）半额兑换

（c）不可兑换

图 3-59　残损人民币兑换标准

（五）典型任务举例

人民币防伪特征练习，防范假币收、付行为的发生。以下是 100 元人民币的正背面样币，请按线条指示，在方框内填写具体的防伪特征（见图 3-60），最终成果如图 3-61 所示。

图 3-60　人民币防伪特征练习

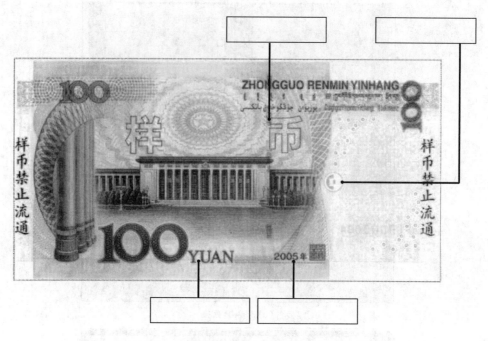

图 3-60 人民币防伪特征练习（续）

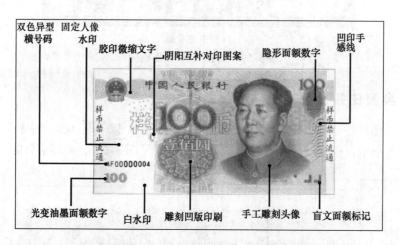

图 3-61 人民币防伪特征

能力训练

1. **单项选择题**

（1）第一套人民币（　　）在河北省石家庄市发行。

    A. 1948 年   B. 1949 年   C. 1950 年   D. 1956 年

（2）人民币国际货币符号为（　　）。

    A. USD   B. HKD   C. CNY   D. JPY

（3）1948 年初起至今，我国共发行了（　　）人民币。

    A. 5 套   B. 3 套   C. 4 套   D. 6 套

（4）第五套人民币 1 元纸币背面主景图案是（　　）。

    A. 桂林山水   B. 长江山峡   C. 三潭印月   D. 布达拉宫

（5）第五套人民币 5 元纸币背面主景图案是（　　）。

    A. 桂林山水   B. 泰山   C. 三潭印月   D. 布达拉宫

（6）第五套人民币 5 元纸币水印中花卉图案是（　　）。

    A. 菊花   B. 月季花   C. 水仙花   D. 荷花

（7）第五套人民币 100 元纸币的光变面额数字的颜色变化是由（　　）。

    A. 绿变金   B. 金变绿   C. 蓝变黄   D. 绿变蓝

（8）第五套人民币 50 元纸币的光变面额数字的颜色变化是由（　　）。

    A. 绿变金   B. 金变绿   C. 蓝变黄   D. 绿变蓝

（9）在 2005 年版各券别纸币正面右上方有一装饰性图案，将票面置于与眼睛接近平行的位置，面对光源做上下倾斜晃动，分别可以看到面额数字字样，这是人民币的（　　）。

    A. 双色异形横号码   B. 阴阳互补对印图案

    C. 白水印   D. 隐形面额数字

（10）凡办理人民币存取款业务的金融机构应（　　）为公众兑换残缺、污损人民币，不得拒绝兑换。

    A. 无偿   B. 收取一定的手续费

    C. 收取需兑换残币、污损人民币的十分之一作为手续费

    D. 收取需兑换残币、污损人民币的二分之一作为手续费

2. **多项选择题**

（1）识别人民币纸币真伪，通常采用（　　）的方法。

    A. 一看   B. 二摸   C. 三听   D. 四测

（2）第五套人民币采用固定花卉水印的有（　　）。

    A. 100 元   B. 50 元   C. 20 元   D. 10 元   E. 5 元

（3）第五套人民币采用固定人像水印的有（　　）。

    A. 100 元   B. 50 元   C. 20 元   D. 10 元   E. 5 元

（4）第五套人民币 2005 年版（　　）纸币采用了透光性很强的白水印防伪

特征。

    A．100 元   B．50 元   C．20 元   D．10 元   E．5 元

（5）第五套人民币 2005 年版 50 元纸币正面（　　）采用雕刻凹版印刷。

    A．头像   B．行名   C．国徽

    D．对印图案   E．含隐形面额数字的装饰图案

3．判断题

（1）中国人民银行自 1948 年 12 月 1 日起陆续发行了第一套人民币，共有 12 种面额，62 个版别，最大面额是 50 000 元，最小面额是 1 元。（　　）

（2）钞票上的水印图案具有较强的立体感、层次感、真实感。（　　）

（3）第五套人民币正面团花的设计 100 元为茶花、50 为菊花、20 元为荷花、10元为牡丹花、5 元为水仙花、1 元为兰花。（　　）

（4）第五套人民币纸币隐形面额数字位于钞票正面左上方。（　　）

（5）将第五套人民币 2005 年版纸币置于与眼睛接近平行的位置，面对光源作 45° 或 90° 旋转，即可看到隐形面额数字部位出现纸币面额的阿拉伯数字字样。（　　）

（6）第五套人民币 1999 年版 1 元纸币正面左侧花卉图案及面额数字"1"字样，采用凹印接线印刷，不同颜色对接完整。（　　）

（7）中国人民银行成立于 1948 年 12 月 1 日，董必武同志为第一套人民币题写了中国人民银行行名。（　　）

（8）第五套人民币 100 元、50 元纸币采用了立体感很强的固定人像水印，该水印位于票面正面左侧空白处。（　　）

4．鉴别假币

请同学们以小组为单位，课后准备各种面值的人民币纸币和硬币，由小组内每个成员分别指出各种面值人民币的防伪特征，并讨论在日常生活和工作中如何有效地鉴别假币。

技能考核参考标准

1．考核方法

（1）一律采用坐姿形式点钞。

（2）使用练功券，散把或整把整点（预先设多、缺差错）。

（3）使用规定的点钞方法（单指单张或多指多张，指法不限），在 3 分钟内完成拆把、点钞、墩齐、扎把等工序，记录钞券张数（用-3，-2，-1，0，+1，+2，+3 等数字记录）。

（4）扎把以提起任意一张不被抽出或散开为准。

2．评分标准

（1）准确率100%，即点数正确，发现全部的差错，否则作零分计。

（2）因扎把不紧或未墩齐，每把扣 30 张。

（3）参考标准：

指法	等级	3 分钟点钞张数	100 张所用时间（秒）
单指单张	一	800 以上	22.0 以内
	二	700～799	24.1～23.9
	三	600～699	24.0～25.9
	四	500～599	26.0～27.9
	五	400～499	28.0～29.9
扇面	一	900 以上	20.0 以内
	二	800～899	20.1～22.0
	三	700～799	22.1～24.0
	四	600～699	24.1～26.0
	五	500～599	26.1～28.0
多指多张	一	1000 以上	17.0 以内
	二	800～999	17.1～20.0
	三	700～799	20.1～22.0
	四	600～699	22.1～24.0
	五	500～599	24.1～26.0

模块四

电子计算工具应用

【学习目标】

1. **知识目标**：认识普通财会电子计算器和金融计算器的基本构造和各键的功能，掌握电子计算器和小键盘的按键指法要求。

2. **能力目标**：能使用电子计算器和小键盘进行准确、快速传票翻打计算，正确使用金融计算器进行货币时间价值的基本运算。

3. **情感目标**：培养手、脑快速反应和良好的协调能力；培养高效、准确工作的意识。

【用品准备】

电子计算器、小键盘、翰林提九位传票、笔。

一、电子计算器和小键盘的使用

 案例导入

福州一水果电商价格标错小数点，面临百万元损失

6 斤的泰国进口山竹，市场价接近 200 元。然而 2015 年 3 月 9 日晚上 21 时许，福州一家水果电商，由于工作人员的失误，将山竹的团购价从刚开团的 149 元骤然"降价"至 1.49 元。这么便宜的价格，在消费者中掀起一阵轰动，3 个小时内，商家提供的 8000 份团购就被一扫而空。待到商家意识到价格标错已是凌晨 2 时许，而此时团购早已结束。商家一算，除了头 20 名的团购者以 149 元的价格购买外，其余全部以 1.49

元成交。若全部发货，扣除原本的利润约 10 元/份，商家将需要贴补约 1 097 330 元。

（一）电子计算器基本知识

计算器是一种重量轻、速度快、价格低、准确性高、小巧便于携带的新型计算工具，如图 4-1 所示。

计算器一般由显示屏、功能键、内存和运算器 4 部分组成。显示屏和功能键在计算器的表面。显示屏显示从功能键输入的数据及运算结果，各功能键用来输入计算指令和需要计算的各种数据。内存是计算器的仓库，用来存放指令和各种数据，以及运算器送来的各种运算结果。运算器在计算器的内部，是计算器的运算装置，是对数据信息进行加工和处理的部件。

图 4-1　电子计算器

计算器的种类很多，型号不一，按其功能可分为两类：一类是简单型计算器；另一类是多功能型计算器。

简单型计算器功能较少，只能进行一般的四则运算；而多功能计算器除了能进行四则运算外，还能进行三角函数、对数、复数等各种运算，故又称为科学计算器。在一般财会工作中，简单型计算器的功能就足够了。

目前市面上的简单型计算器一般具备加、减、乘、除、百分比、累计等基本功能，结构简单，操作方便，适用于会计、统计和一般家庭日常使用，数字为液晶显示。其优点主要是精度高，显示有效数字基本可达 12 位，且计算准确、价格便宜。缺点是对环境和温度相当敏感，损坏后不易修复。

电子计算器上的按键说明如下。

[GT]：汇总键，按下此键即自动将输入的一组数字汇总并显示出来。

[→]：退位键，输入数字错误时，可用它消除更正，每按一次清除一个数字。但必须在使用运算符号前使用。

[CE]：删除输入按键，按下此键屏幕上输入的数字均被删除。

[ON/C]：开启键及清除屏幕键。按下此键即接通电源或清除屏幕上的内容。如在操作过程中按下此键则可以删除记忆外的所有输入。

[OFF]：关闭键，功能是切断电源。

[0]～[9]：数字键，按键一次，输入一位，输入的顺序是从高位到低位。

[00]：数字键，每按一次输入两个零。

[.]：小数点键，用来输入小数。

[+]、[−]、[×]、[÷]：运算键，用来进行基本的加、减、乘、除运算。在应用显示结果时，加、减、乘、除键都可代替等号键。

[%]：百分比键，用来进行百分比运算。按此键后可直接显示出结果。

[根号]：开方键，用来进行开二次方。

[+/−]：正负号变换键，用来变换显示数的正负号。每按一次，显示数的正负号向相反的方向变换一次。输入负数时，要先输入正数，再按正负号变换键即可。

[AC]或[CA]：清除计算器内存所有内容，按下此键，存储器和总存储器内容均被清除。

[MU]：按下该键完成利率和税率的计算。

[MC]：清除存储器。按下此键存储器的内容均被清除。

[MR]：累计显示键，功能是调出由[M+]或[M-]键存入的数据。

[M+]、[M-]：累计键，把输入的数或中间计算结果进行累加、累减并存储在计算器中。

A 挡：小数点自动向左移动两位。

0 挡：整数运算或运算结果取整数。

2 挡：运算结算小数点后保留两位。

3 挡：运算结果小数点后保留三位。

F 挡：满挡，运算时按实际数据如实输入。

5/4：四舍五入或不需四舍五入。

（二）电子计算器的按键指法

1.姿势

（1）坐姿端正。正确的坐姿，能使操作者肌肉放松，活动自如，动作协调，减轻劳动强度，如图 4-2 所示。

（2）放置适合。计算器的位置放置没有固定的要求，一般根据操作人员身材的实际情况，放于击打键盘感觉最舒适的地方。如果右手击键，为了便于击打键盘，一般放于右手边某个最适合的位置。位置找对后，不要随便移动，以免影响速度。

（3）握笔正确。很多时候，强调左手拿笔，右手击键，这是因为一般情况下是右手击打计算器键盘；计算完毕后，可以用左手将笔送给右手写答案，答案写完后再将笔送回左手，继续下一题的计算；但如果从一开始就训练由右手握笔击键计算，则速度会更快。

（4）全靠眼、手、脑协调配合，做到眼睛看到什么数字手指就按下什么数字，眼到、手到，头不能左右摇摆。

（5）一气呵成。在整个操作过程中，要注意掌握好节奏，不要时快时慢甚至停顿，要动作连贯，一气呵成。

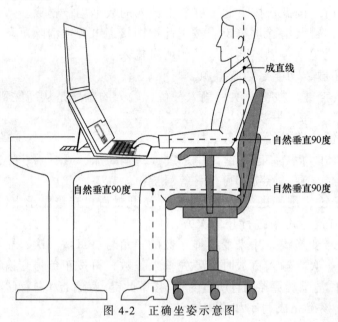

图 4-2　正确坐姿示意图

2．计算器指法分配

在会计报表复核及传票翻打中，加、减法用得比较多，因此，开机后，主要指法分配如下。

右手食指负责：[0]、[1]、[4]、[7]这4个键。

右手中指负责：[00]、[2]、[5]、[8]这4个键。

右手无名指负责：[.]、[3]、[6]、[9]这4个键。

右手小指和无名指负责：[+]、[-]、[=]这3个键。

另外，如果需要，可由食指负责[GT]、[GE]、[C]、[→]这4个键。

3．计算器盲打定位

在击键之前或运用运算键之后，右手食指、中指、无名指应分别定位在[4]、[5]、[6]这3个键的上面，如图4-3所示。

图 4-3　计算器盲打定位

（三）电子计算器传票翻打

传票翻打是计算器盲打的常用项目，是指在经济核算过程中，对各种单据、发票或凭证进行汇总计算的一种方法。在实际工作中一般采用加减运算，可以为会计核算、财务分析、统计报表提供及时、准确、可靠的基础数字，是财经工作者的一项基本功，并列入正式的技能比赛项目。

传票翻打，除需熟练盲打外，还应掌握找页、翻页、数页等基本功，即需要左右手协调配合，随翻页随计算，是盲打中比较难的一种。

1．传票的摆放

一般将传票放在计算器的左边，便于看数计算。

2．传票的整理

传票在翻打前，首先要整理，即将传票捻成扇形，使每张传票自然松动，不会出现粘在一起的情况。

捻扇形的方法是：用两手拇指放在传票的封面上，两手的其余四指放在背面，左手捏住传票的左上角，右手拇指放在传票的下面，然后右手拇指向顺时针方向捻动，左手配合右手向反方向用力，轻轻捻动即成扇形，扇面呈20°～25°，如图4-4所示。最后用夹子将传票的左上角夹起，防止错乱，如图4-5所示。

图 4-4　捻扇形

图 4-5　夹传票

3. 翻页

传票翻打要求用左手翻传票，右手按键
将传票上的数字输入计算器，两手同时过
行。翻页的方法是：左手的食指、拇指放在
起始页，小指、无名指放在传票封面的左下
方，中指配合挡住已翻起的页，食指配合拇
指将传票一页一页地掀起，如图 4-6 所示。

在传票翻打时，翻页、看数、按键、写
数要协调进行。看数时，应按看数的技巧进
行，并做到打上页最后几位数时，手已翻开
下页。这样动作连贯，边看边打，快速运算。

左手翘开传票，右手将代票上数字输入计算器

图 4-6　翻页

（四）计算机小键盘的使用

小键盘录入是指运用计算机上的小键盘（见图 4-7），按照一定的指法进行计算机
录入的一门技能。它是从事财务、金融、统计的工作人员所必须掌握的一项重要技能，
小键盘范围更小，一只手就可以操作，输入数字时比运用主键盘的数字键更快捷。

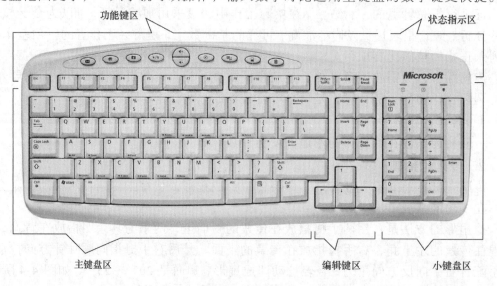

图 4-7　小键盘

1．计算机小键盘的按键指法

右手食指负责：[7]、[4]、[1]这 3 个键。

右手中指负责：[8]、[5]、[2]这 3 个键。

右手无名指负责：[9]、[6]、[3]、[.]这 4 个键。

右手小指负责：[+]、[-]、[Enter]这 3 个键。

右手大拇指负责：[0]这一个键。

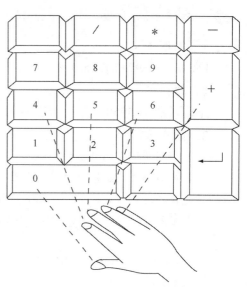

手指在键盘上的位置非常重要，为了便于有效地使用小键盘，通常规定右手的食指、中指、无名指和小指依次位于第三排的[4]、[5]、[6]、[+]基准键上。当准备操作小键盘时，手指应轻放在相应基准键上，按完其他键后，应立即回到指定的基准键上，如图 4-8 所示。

2．计算机小键盘传票翻打

计算机小键盘传票翻打的动作要领与计算器传票翻打基本相同。

图 4-8　小键盘指法示意图

（1）墩齐。双手拿起传票侧立于桌面墩齐。

（2）开扇。左手固定传票左上角，右手沿传票边沿轻折，打开成扇形，扇形角度约 20°～25°。

（3）固定。右手用夹子固定左上角，防止翻打时散乱。

（4）"按"。左手小指、无名指和中指按住传票的左下端。

（5）"翻"。左手大拇指逐页翻起传票，并交给食指夹住。

（五）典型任务举例

对表 4-1 中各横排和竖排数字进行求和。

表 4-1　　　　　　　　　　　　　　求和表格

	一	二	三	四	五	合计
一	3 049 827	9 240	270 658	18 462 537	91 563	21 883 825
二	8 523 409	40 713 598	9 143	-604 921	59 281	48 700 510
三	7 830	69 825	3 581 609	3 609	645 319	4 308 192
四	316 578	7 136 042	42 813	79 205 416	68 129 075	154 829 924
五	91 678 325	804 795	9,064,378	41 267	2 406	101 591 171
六	60 174	1 263 409	159 826	5 823	53 607 928	55 097 160
七	20 941 563	7 863	32 570	981 537	-4 910 267	17 053 266
八	6 245	591 280	72 561 409	4 097 823	36 781	77 293 538
九	80 791	63 127 458	3 127	820 395	8 945 306	72 977 077
十	6 015 429	80 591	64 082 951	7 608	281 437	70 468 016
合计	130 680 171	113 804 101	149 808 484	103 021 094	126 888 829	624 202 679

能力训练

1．加百子

1+2+3+…+99+100=5 050

2．减百子

先输入数字 5050，然后依次-1-2-3-…-99-100=0

3．竖式练习

（1）敲打 0147、00258、369。

（2）食指练习 1、4、7 键。147+147+…+147 连加 10 次再连减 10 次最后显示为 0。

（3）中指练习 2、5、8 键。258+258+…+258 连加 10 次再连减 10 次最后显示为 0。

（4）无名指练习 3、6、9 键。369+369+…-369-369 连加 10 次再连减 10 次，最后显示为 0。

（5）147+258+369+…-147-258-369 连加 10 次再连减 10 次，最后显示为 0。

4．横排练习

（1）敲打 123、456、789。

（2）食指练习 1 键、中指练习 2 键、无名指练习 3 键。

（3）食指练习 4 键、中指练习 5 键、无名指练习 6 键。

（4）食指练习 7 键、中指练习 8 键、无名指练习 9 键。

（5）123+456+789+…-123-456-789 连加 10 次再连减 10 次，最后显示为 0。

5．混合练习

（1）敲打 159、357、13579、24680。

（2）159 指法分工：食指练习 1 键、中指练习 5 键、无名指练习 9 键。

（3）357 指法分工：无名指练习 3 键、中指练习 5 键、食指练习 7 键。

（4）159+159+…-159-159 连加 10 次再连减 10 次，最后显示为 0。

（5）357+357+…-357-357 连加 10 次再连减 10 次，最后显示为 0。

（6）13579 指法分工：食指练习 1 键、无名指练习 3 键、中指练习 5 键、食指练习 7 键、无名指练习 9 键。13579+13579+…-13579 连加 10 次再连减 10 次，最后显示为 0。

（7）24680 指法分工：中指练习 2 键、食指练习 4 键、无名指练习 6 键、中指练习 8 键、拇指练习 0 键。24680+24680+…-24680 连加 10 次再连减 10 次，最后显示为 0。

6．盲打练习

（1）老师报数，要求学生不看键盘找准键位，速度由慢逐渐加快。

（2）相邻座位同学相互报数，进行找数练习。

二、金融计算器的使用

 案例导入

月供超月收入 50%，贷款遭拒

近年各大网站均推出了各类房贷理财计算器，不少客户在申请按揭贷款前常会借助这些工具自行测算还款能力。不过这些计算器有时也并不"便民",家住福州晋安区的陈小姐上周贷款还因此卡壳。原来早前陈小姐登录的计算器利率自动设置有误,使得月供比实际少了 100 多元。陈小姐不知情以此月供水平向单位开立收入证明,结果实际月供超出月收入的一半而被拒贷。

陈小姐以为是银行算错了,因为此前她在网上测算了几次月供都一样。陈小姐说,她购买的房子总价为 200 多万元,申请组合贷款 78 万元,其中公积金贷款金额 60 万元,另申请商业贷款 18 万元,通过房贷计算器测算出的月供为 5214 元。陈小姐说,她的月收入其实超过 1.1 万元。由于月供算了几遍均是 5214 元,因而她向单位只申请开立 1.05万元的收入证明,月收入的 50% 为 5250 元,月供 5214 元刚好在月收入一半以内。

陈小姐向银行再次求证,但银行人员说银行系统计算不会有错。陈小姐找朋友查看,才发现原来网站上理财计算器设置有误,组合贷款模式下系统自动显示的公积金贷款利率没有上浮 10%,而是执行基准利率,这样测算出来的月供比实际少算了 100 多元。

图 4-9 金融计算器

(一)金融计算器基本知识

金融计算器是针对银行、证券、保险、房地产、投资以及商业等相关行业的特点开发的专业计算器,它能轻松地将标准财务函数功能和高级函数功能融合在一起,使各种金融、财务计算变得更加便捷。本书以 HP 10bⅡ+金融计算器为例(见图 4-9),其各按键的关联功能如表 4-2 所示。

表 4-2　　　　　　　　HP 10bⅡ+金融计算器各按键的关联功能

按键	关联功能
C	清除显示屏
C / CALL	清除所有内存
C MEM / C　7	清除债券内存
C MEM / C　4	清除收支平衡内存
C MEM / C　1	清除 TVM 内存
C MEM / C　0	清除现金流量内存
-M / CSTAT	清除统计数据内存

(二)货币时间价值基础知识

货币的时间价值(time value of money),是指资金在使用过程中,随着时间的变化所发生的增值,即货币经历一定时间的投资和再投资后所增加的价值。货币之所以具有时间价值,是利息因素和时间因素共同作用的结果。

1. 单利

单利是指每期都按初始本金计算利息，当期利息不计入下期，本金计算基础不变。

（1）单利终值　$F=P+P\times i\times t=P\times(1+i\times t)$

（2）单利现值　$P=\dfrac{F}{1+i\times t}$

式中：i——利率，通常指每年利息与本金之比；

　　　I——利息；

　　　F——本金与利息之和，又称本利和或终值；

　　　t——时间，即计息期，通常以年为单位；

　　　P——现值。

2. 复利

复利是指每经过一个计息期，将所生利息计入本金再计算利息，逐期滚动计算，俗称"利滚利"。

$$F=P\times(1+i)^t$$

$$P=\frac{F}{(1+i)^t}=F\times(1+i)^{-t}$$

3. 年金

年金是指一定时期内每隔相同的时间，收入或支出相同金额的系列款项。

$$F=A\bullet\sum_{t=0}^{n-1}(1+i)^t=A\bullet\frac{(1+i)^n-1}{i}$$

$$P=A\bullet\sum_{t=1}^{n}\frac{1}{(1+i)^t}=A\times\frac{1-(1+i)^{-n}}{i}$$

（三）金融计算器操作

金融计算器的运算功能非常强大，本书主要介绍使用金融计算器对货币时间价值的计算，而所使用的功能键如表 4-3 所示。

表 4-3　　　　　　　　　　计算货币时间价值主要使用的功能键

按键	变量	说明
N	期数	还款次数或复利期数
I/YR	年利率	投资或贷款年利率
PV	现值	将来现金流量的现值。PV 通常是首次投资或贷款金额，始终发生在首期的期初
PMT	年金	定期还款额。所有还款额都是相同的，不会跳过任何还款；还款可以在每期的期初或期末发生
FV	终值	终值。FV 是最终现金流量或一系列以前现金流量的复利值。FV 发生在最后一期的期末
PMT / P/YR	年付款次数	存储每年的期数。默认值为 12。仅在希望更改的时候进行重置
MAR / Bog/End	期初期末模式	切换期初和期末模式。在期初模式下，将显示 BEGIN（期初）提示
FV / AMORT	分期付款	计算分期还款

（四）典型任务举例

1．计算单笔现金流量的终值、现值

【典型任务一】小张现将 3 000 元存入银行，若年利率为 8%，10 年后，该账户中的金额为多少元？

计算过程操作步骤如表 4-4 所示。

表 4-4　　　　　　　　　　　　　典型任务一操作步骤

操作	按键	显示
清除所有内存	C CALL	0.00
将年付款次数改为 1 次	1, PMT P/YR	1.00
输入期数	10, N	10.00
输入利率	8, I/YR	8.00
输入现值	3 000, +/_ PV	−3 000.00
计算终值	FV	6 476.78

答：10 年后，该账户中的金额为 6 476.78 元。

【典型任务二】小周投资一个年收益率为 12%的项目，如果他想在 6 年末取得 80 000 元，则他现在应该投资多少钱？

计算过程操作步骤如表 4-5 所示。

表 4-5　　　　　　　　　　　　　典型任务二操作步骤

操作	按键	显示
清除所有内存	C CALL	0.00
将年付款次数改为 1 次	1, PMT P/YR	1.00
输入期数	6, N	6.00
输入利率	12, I/YR	12.00
输入终值	80 000, FV	80 000.00
计算现值	PV	−40 530.50

答：他现在要投资 40 530.50 元。

2. 计算年金的终值、现值

【**典型任务三**】王先生每年年末在银行存入 4 000 元，年利率为 10%，20 年后，该银行账户存款为多少？若改为每年年初存入 4 000 元，20 年后，该银行账户存款为多少？

计算过程操作步骤如表 4-6、表 4-7 所示。

表 4-6 典型任务三操作步骤

操作	按键	显示
清除所有内存	C/CALL	0.00
将年付款次数改为 1 次	1, PMT/P/YR	1.00
输入期数	20, N	20.00
输入利率	10, I/YR	10.00
输入年金	4 000, +/− PMT	−4 000.00
计算终值	FV	229 100.00

表 4-7 典型任务三操作步骤

操作	按键	显示
清除所有内存	C/CALL	0.00
将年付款次数改为 1 次	1, PMT/P/YR	1.00
设置为期初模式	MAR/Bog/End	1.00BEG
输入期数	20, N	20.00
输入利率	10, I/YR	10.00
输入年金	4 000, +/− PMT	−4 000.00
计算终值	FV	252 010.00

答：若每年年末存入 4 000 元，20 年后，该银行账户存款为 229 100.00 元；若每年年初存入 4 000 元，20 年后，该银行账户存款为 252 010.00 元。

【**典型任务四**】张女士投资项目，项目期限为 10 年，年收益率为 10%，若想要每年年末获得收益 6 000 元，请问她现在要投入多少资金？

计算过程操作步骤如表 4-8 所示。

表 4-8　　　　　　　　　　　　　典型任务四操作步骤

操作	按键	显示
清除所有内存	C / CALL	0.00
将年付款次数改为 1 次	1, PMT / P/YR	1.00
输入期数	10, N	10.00
输入利率	10, I/YR	10.00
输入年金	6 000, PMT	6 000.00
计算现值	PV	−36 867.40

答：张女士现在要投入 36 867.40 元的资金。

【**典型任务五**】小王将 20 000 元投资于一个项目，项目期限为 5 年，每年年末可获得收益 8 000 元，请问该项目的投资报酬率为多少？

计算过程操作步骤如表 4-9 所示。

表 4-9　　　　　　　　　　　　　典型任务五操作步骤

操作	按键	显示
清除所有内存	C / CALL	0.00
将年付款次数改为 1 次	1, PMT / P/YR	1.00
输入期数	5, N	5.00
输入现值	20 000, +/− PV	−20 000
输入年金	8 000, PMT	8 000.00
计算利率	I/YR	28.65

答：该项目的投资报酬率为 28.65%。

【**典型任务六**】小陈向银行按揭贷款购房，贷款额为 800 000 元，贷款期限为 20 年，利率为 6%的，则每月月末还款额为多少元？

计算过程操作步骤如表 4-10 所示。

表 4-10   典型任务六操作步骤

操作	按键	显示
清除所有内存	⬛↴ C CALL	0.00
将年付款次数改为12次	⬛↴ PMT P/YR 12,	12.00
输入期数	N 240,	240.00
输入利率	I/YR 6,	6.00
输入现值	PV 800 000	800 000.00
计算年金	PMT	−5 731.45

答：每月月末还款额为 5 731.45 元。

3. 分期付款计算

【**典型任务七**】若典型任务六中小陈已还款 5 年，已还本金、利息、剩余本金各为多少？

计算过程操作步骤如表 4-11 所示。

表 4-11   典型任务七操作步骤

操作	按键	显示
清除所有内存	⬛↴ C CALL	0.00
将年付款次数改为12次	⬛↴ PMT P/YR 12,	12.00
输入期数	N 240,	240.00
输入利率	I/YR 6,	6.00
输入现值	PV 800 000	800 000.00
计算年金	PMT	−5 731.45
输入分期还款期数	INPUT ⬛↴ FV AMORT 1, 60,	1～60
计算已还本金	=	显示 **PRIN** −120 803.21
计算已还利息	=	显示 **INT** 223 083.70
计算未还余额	=	显示 **BAL** 679 196.79

答：小陈还款 5 年后，已还本金为 120 803.21 元，已还利息为 223 083.70 元，未还余额为 679 196.79 元。

模块五

五笔字型中文输入

【学习目标】

1. **知识目标**：了解五笔字型输入法的基本原理，掌握五笔字型输入的基本技巧。
2. **能力目标**：能够熟练使用五笔字型输入法快速盲打汉字。
3. **情感目标**：培养手、脑快速反应和良好的协调能力；培养踏实认真的工作作风。

【用品准备】

计算机、五笔输入法软件。

一、认识汉字和字根

 案例导入

首届"全国汉字输入大赛"五笔输入法秒杀拼音输入法

2013 年 2 月 21—22 日，首届"全国汉字输入大赛"在河南信阳市平桥区公共实训基地举行总决赛。据统计，在参加总决赛的 57 名选手中，有 8 位选手用拼音输入法，其余选手采用五笔字型输入法。而此次总决赛结果显示，排在前 29 名的选手，都采用五笔字型输入法。来自辽宁的 34 岁银行职员王士辉以连续文本、离散文本、混合文本、古典文本 4 个单项冠军的好成绩荣登榜首，他用五笔字型输入法以每分钟输入 175 个汉字创造了 10 年来全国汉字输入大赛的最高纪录。8 个使用拼音输入法的选手中，最

能力训练

1. 选择题

（1）宋先生向银行申请了 30 年期 30 万元贷款，利率为 6%。采用等额本息还款法来还贷，则他的每月还款额为（　　　）元。

　　A. 1 799　　　　　B. 1 967　　　　　C. 477　　　　　D. 351

（2）假如企业按 12%的年利率取得贷款 200 000 元，要求在 5 年内每年年末等额偿还，每年的偿付额应为（　　　）元。

　　A. 40 000　　　　B. 52 000　　　　C. 55 482　　　　D. 64 000

（3）某企业拟建立一项基金，每年年初投入 100 000 元，若利率为 10%，5 年后该项资本本利和将为（　　　）元。

　　A. 671 600　　　B. 564 100　　　C. 871 600　　　D. 610 500

（4）以 10%的利率借得 50 000 元，投资于寿命期为 5 年的项目，为使该投资项目成为有利的项目，每年至少应收回的现金数额为（　　　）元。

　　A. 10 000　　　　B. 12 000　　　　C. 13 189　　　　D. 8 190

（5）某人年初存入银行 1 000 元，假设银行按每年 10%的复利计息，每年年末取出 200 元，则最后一次能够足额（200 元）提款的时间是（　　　）。

　　A. 5 年　　　　　B. 8 年末　　　　C. 7 年　　　　　D. 9 年末

2. 业务题

（1）某企业拟建立一项基金，每年初投入 100 000 元，若利率为 10%，5 年后该项资本本利和将为多少元？

（2）假如企业按 12%的年利率取得贷款 200 000 元，要求在 5 年内每年年末等额偿还，每年的偿付额应为多少元？

（3）当银行利率为 10%时，一项 6 年后付款 80 000 元的购货，相当于第一年年初一次现金支付的购买价为多少元？

（4）张女士向银行按揭贷款购房，贷款额为 120 万元，贷款期限为 15 年，利率为 6%的，则每月末还款额为多少？当张女士还款 8 年后，已还本金、利息和未还本金各为多少？

技能考核参考标准

1. 电子计算器和小键盘输入考核标准

使用电子计算器和小键盘进行传票翻打测试（时间：10 分钟），考核等级标准如表 4-12 所示。

表 4-12

等级	录入速度（组数据/10 分钟）
优秀	170（含）以上
良好	140（含）～169
中等	110（含）～139
及格	90（含）～110
不及格	90 以下

2. 金融计算器使用

能正确使用金融计算器进行货币时间价值的计算。

快打字速度每分钟不超过 70 个汉字。

　　拼音输入法是常用的输入方法，因为汉字读音简单，只用 25 个罗马字母便可拼出全部汉字的 400 多种读音，所以只要学过汉语拼音，几乎不需要再学习，便可以在键盘上把汉字的"音"敲进去。一般人能认识并准确读出的汉字大概有 3 000 多个，而一旦碰上不认识的字便无法输入了，如一些生僻字罡、翯、奎、昴、暹、毗等。另外，很多汉字的读法相近，如"石室诗士施氏，嗜食狮，誓食十狮"，使用拼音输入要花去很多时间进行选择。

　　五笔字型输入法是王永民在 1983 年 8 月发明的一种汉字输入法。因为发明人姓王，所以也称为"王码五笔"。五笔字型完全依据笔画和字形特征对汉字进行编码，是典型的形码输入法。"五笔字型"集文字学、计算机科学、信息论以及工作学等多学科的原理、方法于一身，字根组合的"相容性"使重码大幅减少，键位字根安排的"规律性"使得方案相对易学，而"谐调性"使得手指的击键负担趋于合理。五笔字型输入法相对于拼音输入法具有重码率低的特点，熟练后可快速输入汉字。目前，五笔字型输入法已成为世界上应用最广的中文形码输入法。

（一）汉字的层次和五种笔画

　　五笔字型编码的主要思想是根据汉字的结构规律，基本的组字单位是"字根"。字根由笔画组成，汉字由字根组成。

　　在书写汉字时，不间断的一次连续写成的一个线条，叫作汉字的笔画。在五笔字型方法中，把汉字的笔画只归结为横、竖、撇、捺（点）、折 5 种。这 5 种笔画分别以 1、2、3、4、5 作为代号，如表 5-1 所示。

> **注　意**
>
> "点"归结为"捺"类，是因为两者运笔方向基本一致；挑（提）归结于"横"类；除竖能代替左钩以外，其他带转折的笔画都归结为"折"类。

表 5-1　　　　　　　　　　　　　　　5 种笔画类型

代号	笔画名称	笔画走向	笔画及其变形
1	横	左→右	一
2	竖	上→下	丨
3	撇	右上→左下	丿
4	捺	左上→右下	丶
5	折	带转折	乙

　　字根是由若干笔画交叉连接而形成的相对不变的结构。五笔字型输入法中，所选字根大多数是一些传统的汉字部首，但由于某种需要，有时也选用一些不是部首的笔画结构作为字根，甚至于硬造出一些"字根"来。同样，有些传统部首，由于它们组字很少或者其本身便于拆分成几个部分，因而并未选取为字根，如足、鱼、礻、衣、羊、皮、户都不选作基本字根。在五笔字型输入法中，规定了 130 多个基本字根。

　　将字根按一定的位置关系拼合起来，就构成了汉字。笔画、字根、单字是汉字的 3 个层次，以基本的字根为单位来组字编码、拼形输入汉字，这就是五笔字型基本的出发点。

（二）字根和键盘分布

1. 字根及字根的键盘分布

在五笔字型输入法中，选取了组字能力强、出现次数多的 130 个左右的部件作为基本字根，其余所有的字，包括那些虽然也能作为字根，但是在五笔字型中没有被选为基本字根的部件，在输入时都要拆分成基本字根的组合。

对选出的 130 多种基本字根，按照其起笔笔画分成 5 个区：

1 以横起笔的为第一区（A——G）；

2 以竖起笔的为第二区（H——L，M）；

3 以撇起笔的为第三区（Q——T）；

4 以捺（点）起笔的为第四区（Y——P）；

5 以折起笔的为第五区（X——N）。

每一区内的基本字根又分成 5 个位置，也以 1、2、3、4、5 表示。这样 130 多个基本字根就被分成了 25 类，每类平均 5~6 个基本字根。这 25 类基本字根安排在除 Z 键以外的 A~Y 的 25 个英文字母键上，如图 5-1 所示。

图 5-1　五笔字根键位分布图

字根设计及键位分区划位的规律性，使得初学者可以参考以下方法很快地在键盘上找到所要的字根。

（1）根据字根的第一个笔画（首笔）可找到字根的区。例如，"王、土、大、木、工，"等首笔为横的字根，它们都在第 1 区。"目、日、口、田、山"等首笔为竖的字根，它们都在第 2 区；"禾、白、月、人、金"等首笔为撇的字根，它们都在第 3 区。

（2）根据字根的第二个笔画（次笔）可找到位。例如，"王、上、禾、言、已"的第二笔为横（代号为 1），它们都在第 1 位。"戈、山、夕、之、纟"的第二笔为折（代号为 5），它们都在第 5 位。

（3）部分字根首笔画与区号一致，重复笔画的个数与位号相同。

笔画区位如图 5-2 所示。

（4）在同一键上的字根在字源或形态上相近。比如 P 键，键名字根是"之"，所以"辶、廴"等字根也在这个键里，就连这个"衤"和它长得也挺像；W 键里面的"人、八、夭、夿"这 4 个字根形态都差不多；B 键里面的"阝、卩"很容易让人联想到字母 B；L 键里面的 4 个字根"四、皿、皿、皿，彼此长得很像，和四竖也很像。

在每区第1位

在每区第2位

在每区第3位

在每区第4位

图 5-2 笔画区位

2. 字根歌

为了使字根的记忆可以朗朗上口，特为每一区的字根编写了一首"字根歌"方便记忆。

11 王旁青头戋五一

12 土士二干十寸雨

13 大犬三 （羊）古石厂

14 木丁西

15 工戈草头右框七

21 目具上止卜虎皮

22 日早两竖与虫依

23 口与川，字根稀

24 田甲方框四车力

25 山由贝，下框几

31 禾竹一撇双人立

　　反文条头共三一

32 白手看头三二斤

33 月彡（衫）乃用家衣底

34 人和八，三四里

35 金勾缺点无尾鱼，犬旁，留儿一点夕，氏无七（妻）

41 言文方广在四一，高头一捺谁人去

42 立辛两点六门病

43 水旁兴头小倒立

44 火业头，四点米

45 之宝盖，摘礻（示）衤（衣）

51 已半巳满不出己，左框折尸心和羽

52 子耳了也框向上

53 女刀九臼山朝西（彐）

54 又巴马，丢矢矣（厶）

55 慈母无心弓和匕，幼无力（幺）

（三）汉字的字根结构

为了更好地区分汉字的 3 种字型结构，还需要确定组成汉字字根间的位置关系。

五笔字型中根据组成汉字的字根间的位置关系分为单、散、连、交 4 种类型。

1. 单字根结构

本身就单独可作为汉字的字根，在 130 个字根中占很大比重，有八、九十个。包括五种基本笔画"一、丨、丿、丶、乙"，25 个键名字根和字根中的汉字，如"言、虫、寸、米、夕"等。

2. 散字根结构

构成汉字不只一个字根，且字根间保持一定距离，字根的位置属于左右或上下，不相连也不相交。

比如"苗"字，由"艹"和"田"两个字根组成，字根间还有点距离；再比如"汉、昌、花、笔、型"等。

3. 连字根结构

一个字根与一个单画划相连，以及一个字根和点组成的汉字。

（1）单笔画与某基本字根相连，如自（丿连目）且（月连一）尺（尸连丶）。

单笔画与基本字根间有明显距离者不认为相连，如个、么、旦、旧。

（2）带点结构，如勺、术、太、主、义、头、斗。

这些字中的点与另外的基本字根并不一定相连，其间可连可不连，可稍远可稍近。

4. 交字根结构

交就是指两个或多个字根交叉重叠构成的汉字。比如"本"，就是由字根"木"和"一"相交构成的；再比如"申、必、夷、东、里"等。

（四）汉字的字形结构

有些汉字，它们所含的字根相同，但字根之间的关系不同，如下面两组字。

叭、只：两个字都由字根"口、八"组成；

旭、旮：两个字都由字根"九、日"组成。

为了区分这些字，使含相同字根的字不重码，还需要字型信息。汉字字型划分为 3 类：左右型、上下型、杂合型，代号分别是 1、2、3。

1. 左右型汉字（代号为 1）

如果一个字能分成有一定距离的左右两部分或左中右三部分，则为左右型汉字。每一部分可以是一个基本字根，也可以是由几个基本字根组合而成。例如：

鲜　湘　别　强

2. 上下型汉字（代号为 2）

如果一个字能分成有一定距离的上下两部分或上中下三部分，则为上下型汉字。每一部分可以是一个基本字根，也可以是由几个基本字根组合而成。例如：

思　军　莫　前

3．杂合型汉字（代号为3）

如果组成一个汉字的各部分之间没有明确的左右型或上下型关系，则为杂合型汉字。

（1）连字根汉字，如自、勹、千、下、义。

（2）交叉字根汉字，如东、电、本、农、里。

（3）内外型汉字，如团、同、困、匚、这、边。

（五）典型任务举例

【典型任务一】 写出下列字根编码。

金 Q　目 H　田 L　王 G　子 B　女 V　水 I　丨 H　丿 T　丶 Y　乙 N

臼 V　马 C　癶 W　夕 Q　丷 U　凵 B　纟 X　广 H　罒 L　辛 U　礻 P

【典型任务二】 写出下列汉字字型结构代号。

务 2　　血 3　　勹 3　　吗 1　　召 2　　要 2　　以 1　　志 2

【典型任务三】 指出下列汉字字根结构。

结 散　　五 单　　白 连　　苦 散　　王 单　　笔 散　　中 交

字 散　　叉 连　　分 散　　书 交　　后 散　　左 散　　首 散

能力训练

1．熟练背诵字根歌

2．写出下列字根编码

人　止　火　圭　水　手　白　灬　立　戈　山　贝　弓　口

疒　乊　禾　斤　言　耳　龶　之　车　囗　虫　又　巛　マ

扌　寸　夕　竹　业　串　四　匕　臼　止　卜　灬　夂　米

3．判断下面汉字的字根结构

但　登　就　及　例　奈　基　诶　解　就　了　变

边　个　么　匚　母　听　又　过　宝　重　中　的

次　斥　组　鱼　舟　牛　东　与　友　兀　事　来

二、拆分和输入汉字

案例导入

在五笔字型中有相当一部分汉字在输入时，会出现重码的现象，如"叭、只""旮、旭"等字，这些字字根较少，并且字根的编码又相同，如何解决呢？另外，有些字的拆分方法看似可以有多种，如"里"字，即可拆成"田"和"土"，又可拆成"日"和"土"，哪种拆分方法才正确呢？

（一）汉字拆分原则

1．遵循书写笔序

应按从左到右、从上到下、从外到里的顺序拆分汉字。

因：口、大（正确）；大、口（错误）。

2. 取大优先

在各种可能的拆法中，保证按书写顺序拆分出尽可能大的字根，以保证拆分出的字根数最少。

果：日、木（正确）；日、一、小（错误）。

3. 兼顾直观

在拆字时，尽量照顾字的直观性，一个笔画不能分割在两个字根中。

里：日、土（正确）；田、土（错误）。

4. 能连不交

在拆出的字根数相同的情况下，按"连"结构拆分比按"交"结构拆分优先。

天：一、大（正确）；二、人（错误）。

5. 能散不连

在拆出的字根数相同的情况下，按"散"结构拆分比按"连"结构拆分优先。

午： 、十（正确）；丿、干（错误）。

（二）末笔字型识别码

有些汉字编码时，由于字根较少，如"叭、只""旮、旭"等字的字根完全相同，编码都是 KW，所以单凭字根不能区分，因此有必要用汉字的字型来作为补充，如图 5-3 所示。

"沐、汀、洒"3 个字中，"木、丁、西"在同一个键上，引起重码，但 3 个字的末笔画不同，故可用最后一个笔画加以区分，如图 5-4 所示。

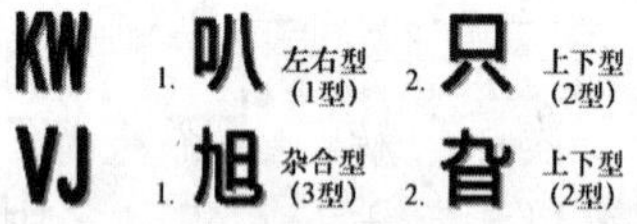

图 5-3 末笔字型识别码举例（1）

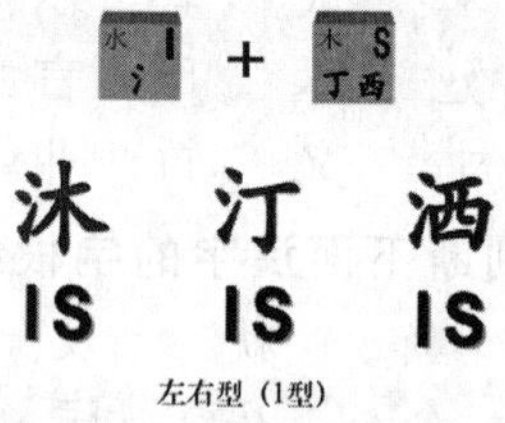

图 5-4 末笔字型识别码举例（2）

所谓末笔字型识别码就是根据一个汉字的末笔划和字型所决定的一个编码，它是一个两位数字，第一位（十位）是末笔画代号（横 1、竖 2、撇 3、捺 4、折 5），第二位（个位）是字型代号（左右型 1、上下型 2、杂合型 3），把识别码看成为一个键的区位码，这就得到末笔字型识别码，如表 5-2 所示。

表 5-2 末笔识别码

末笔字型交叉识别码=末笔代码+字型代码

末笔		字型	左右型	上下型	杂合型
			1	2	3
横		1	11（G）	12（F）	13（D）
竖		2	21（H）	22（J）	23（K）
撇		3	31（T）	32（R）	33（E）
捺		4	41（Y）	42（U）	43（I）
折		5	51（N）	52（B）	53（V）

把识别码与字根码在形式上统一起来，就大大简化了输入，增加了信息，便于计算机来区别所输入的汉字，减少了重码率。

1. 使用范围

末笔字型识别码并不是在输入所有汉字的时候都要使用，使用识别码时也有特定的范围。

（1）键名及成字根不使用末笔字型交叉识别码。

（2）4个根及多于4个字根的汉字不使用末笔交叉识别码。

（3）使用了识别码后，仍不足四码用空格补。

2. 末笔笔画的选取规定

（1）末字根为"刀、力、九、匕"等时，一律认为末笔画为折。

（2）所有用"框"包围的汉字，如"国、回、因"等，取被包围部分的末笔。

（3）含"辶"的汉字，如"边、近、远"等，取去掉"辶"部分后的末笔。

3. 汉字字型的确定

（1）凡单笔画与字根相连者或带点结构，如"千、久、生、太、勺、术、玉、自"等，一律视为杂合型。

（2）内外型汉字一律认为是杂合型，如"匡、困、凶、旬"等。

（3）含两个字根且相交的汉字属于杂合型，如"本、电、东、乐、无"等。

（4）含"辶"的汉字一律视为杂合型。

（5）"左、右、有、看、者、布、包、友、灰"等视为上下型。

（三）汉字编码输入原则

1. 键名字

五笔字型字根助记词中，每句之首的字便是键名字。将键名字所在的键连击4次，即可输入键名字。键名字如图5-5所示。

图5-5　键名字

2. 成字字根汉字

除25个键名字外，还有几十个字根本身可单独作为汉字，称为成字字根汉字。输入方法是成字字根所在键代码＋首笔码＋次笔码＋末笔码。其中首笔码、次笔码、末笔码是指单笔画所在的键，横G、竖H、撇T、捺Y、折N。当成字根只有两笔时，只有三码，最后需补一空格键。

竹 TTGH　　五 GGHG　　力 LTN　　干 FGGH

3. 单笔画字根汉字

输入单笔画字根时，要连击单笔画所在键两次和 L 键两次。

一 GGLL   ｜ HHLL   丿 TTLL   丶 YYLL   乙 NNLL

4. 合体字

（1）少于 4 个字根的汉字。

当输入少于 4 个字根的汉字时，需要按照书写顺序键入"第一字根码 + 第二字根码 + 第三字根码 + 识别码"的编码组合。

华：亻 匕 十（末笔为"｜"，2 型）   WXFJ

字：宀 子　　（末笔为"一"，2 型）   PBF

参：厶 大 彡（末笔为"丿"，2 型）   CDER

（2）4 个以上字根组成的汉字。

当输入多于 4 个字根的汉字时，需要按照书写顺序键入"第一字根码 + 第二字根码 + 第三字根码 + 末字根码"的编码组合。

戆：立 早 夂 心   UJTN

照：日 刀 口 灬   JVKO

（四）简码输入规则

为了减少击键次数，提高输入速度，一些常用的字，除按其全码可以输入外，多数都可以只取其前边的 1～3 个字根，再加空格键输入之，即只取其全码的最前边的 1 个、2 个或 3 个字根（码）输入，形成所谓一、二、三级简码。

1. 一级简码（即高频字码）

五笔字型输入法根据每个键位上的字根形态特征，在 5 个区的 25 个位上，每键安排了一个使用频率最高的汉字，称为一级简码。将各键打一下，再打一下空格键，即可输入一级简码汉字。一级简码键盘分布如图 5-5 所示。

2. 二级简码

五笔字型将汉字频率表中排在前面的常用字定为二级简码汉字，共 607 个汉字。由单字全码的前两个字根代码加一空格键组成。

五笔二级简码

	G	F	D	S	A	H	J	K	L	M	T	R	E	W	Q	Y	U	I	O	P	N	B	V	C	X
G	五	于	天	末	开	下	理	事	画	现	玫	珠	表	珍	列	玉	平	不	来	琮	与	屯	妻	到	互
F	二	寺	城	霜	载	直	进	吉	协	南	才	垢	圾	夫	无	坟	增	示	赤	过	志	地	雪	支	
D	三	夺	大	厅	左	丰	百	右	历	面	帮	原	胡	春	克	太	磁	砂	灰	达	成	顾	肆	友	龙
S	本	村	枯	林	械	相	查	可	楞	机	格	析	极	检	构	术	样	档	杰	棕	杨	李	要	权	楷
A	七	革	基	苛	式	牙	划	或	功	贡	芳	匠	菜	共	区	芝	燕	东		芝	世	节	切	芭	药
H	晴	睦	睚	盯	虎	止	旧	占	卤	贞	睡	睥	肯	具	餐	眩	瞳	步	眯	瞎	卢		眼	皮	此
J	量	时	晨	果	虹	早	昌	蝇	曙	遇	昨	蝗	明	蛤	晚	景	暗	晃	显	晕	电	最	归	紧	昆
K	呈	叶	顺	呆	呀	中	虽	吕	另	员	呼	听	吸	只	史	嘛	啼	吵	噗	喧	叫	啊	哪	吧	哟

续表

	G	F	D	S	A	H	J	K	L	M	T	R	E	W	Q	Y	U	I	O	P	N	B	V	C	X
L	车	轩	因	困	轼	四	辊	加	男	轴	力	斩	胃	办	罗	罚	较		鳞	边	思	团	轨	轻	累
M	同	财	央	朵	曲	由	则		崭	册	几	贩	骨	内	风	凡	赠	赠	峭	迪	岂	邮		凤	嶷
T	生	行	知	条	长	处	得	各	务	向	笔	物	秀	答	称	入	科	秒	秋	管	秘	季	委	么	第
R	后	持	拓	打	找	年	提	扣	押	抽	手	折	扔	失	换	扩	拉	朱	搂	近	所	报	扫	反	批
E	且	肝	须	采	肛		胆	肿	肋	肌	用	遥	朋	脸	胸	及	胶	膛	膦	爱	甩	服	妥	肥	脂
W	全	会	估	休	代	个	介	保	佃	仙	作	伯	仍	从	你	信	们	偿	伙		亿	他	分	公	化
Q	钱	针	然	钉	氏	外	句	名	旬	负	儿	铁	角	欠	多	久	匀	乐	炙	镕	包	凶	争	色	
Y	主	计	庆	订	度	让	刘	训	为	高	放	诉	衣	认	义	方	说	就	变	这	记	离	良	充	率
U	闰	半	关	亲	并	站	间	部	曾	商	产	瓣	前	闪	交	六	立	冰	普	帝	决	闻	妆	冯	北
I	汪	法	尖	洒	江	小	浊	澡	渐	没	少	泊	肖	兴	光	注	洋	水	淡	学	沁	池	当	汉	涨
O	业	灶	类	灯	煤	粘	烛	炽	烟	灿	烽	煌	粗	粉	炮	米	料	炒	炎	迷	断	籽	娄	烃	糯
P	定	守	害	宁	宽	寂	审	宫	军	宙	客	宾	家	空	宛	社	实	宵	灾	之	官	字	安		它
N	怀	导	居		民	收	慢	避	惭	届	必	怕		愉	懈	心	习	悄	屡	忧	忆	敢	恨	怪	尼
B	卫	际	承	阿	陈	耻	阳	职	阵	出	降	孤	阴	队	隐	防	联	孙	耿	辽	也	子	限	取	陛
V	姨	寻	姑	杂	毁	叟	旭	如	舅	妯	九		奶		婚	妨	嫌	录	灵	巡	刀	好	妇	妈	姆
C	骊	对	参	骠	戏		骒	台	劝	观	矣	牟	能	难	允	驻	骈		骖	驼	马	邓	艰	双	
X	线	结	顷		红	引	旨	强	细	纲	张	绵	级	给	约	纺	弱	纱	继	综	纪	弛	绿	经	比

3．三级简码

凡前 3 个字根在编码中是唯一的，都选作三级简码字，一共约 4 400 个。编码由单字前 3 个字根加一个空格键组成。虽敲键次数未减少，但用空格代替了末字根或识别码，这样省去了部分汉字"识别码"的判断和编码，给使用者带来了很大方便。

（五）词组的取码和输入

汉字以字作为基本单位，由字组成词。在句子中若把词作为输入的基本单位，则速度更快。五笔字型中的词和字一样，一词仍只需四码。用每个词中汉字的前两个字根组成一个新的字码，与单个汉字的代码一样，来代表一条词汇。

1．双字词编码

分别取每个字的前两个字根构成词汇简码。

教育　　土丿宀厶　　FTYC

经济　　纟又氵文　　XCIY

2．三字词编码

前两个字各取一个字根，第三个字取前两个字根作为编码。

博物馆　　十丿勺饣　　FTQN

计算机　　讠竹木几　　YTSM

3．四字词编码

每个字各取全码中的第一码组成四码。

装模作样　⺀木亻木　　**USWS**

汉字编码　氵宀纟石　　**IPXD**

4．多字词编码

取一、二、三、末 4 个字的第一个字根作为构成编码。

中华人民共和国　口亻人口　　　**KWWL**

电子计算机　　　日子讠木　　　**JBYS**

（六）容错码和万能键

1．容错码

如果一个编码对应着几个汉字，这几个汉字称为重码字；几个编码对应一个汉字，这几个编码称为汉字的容错码。

在五笔字型中，当输入重码时，重码字显示在提示行中，较常用的字排在第一个位置上，并用数字指出重码字的序号。如果需要的就是第一个字，可继续输入下一个字，该字自动跳到当前光标位置。其他重码字要用数字键加以选择。

2．万能键

从五笔字型的字根键位图可见，26 个英文字母键只用了 A～Y 共 25 个键，Z 键用于辅助学习。

当对汉字的拆分一时难以确定用哪一个字根时，不管它是第几个字根都可以用 Z 键来代替。借助于软件，把符合条件的汉字都显示在提示行中，再键入相应的数字，则可把相应的汉字选择到当前光标位置处。在提示行中还显示了汉字的五笔字型编码，可以作为学习编码规则之用。

（七）典型任务举例

【典型任务一】写出下列汉字的编码。

擘 NKUR　邴 GMWB　憋 UMIN　敖 GQTY　铵 QPV　播 RTOL

藏 ADNT　丑 NFD　翠 NYWF　古 DGH　广 YYGT　含 WYNK

【典型任务二】写出下列汉字的二级简码。

赤 FO　妻 GV　卢 HN　思 LN　由 MH　让 YH　澡 IK　闻 UB　磁 DU　蝇 JK

【典型任务三】写出下列汉字的三级简码。

般 TEM　蔼 AYJ　骡 CLX　曼 JIC　党 IPK　略 LTK　醋 SGA　填 FFH　盟 JEL

🗎 能力训练

1．单字练习

程嵇邢滑　裴陆荣翁　荀羊於惠　甄魏家封　芮羿储靳　汲邴糜松　井段富巫

乌焦巴弓　牧隗山谷　车侯宓蓬　全都班仰　秋仲伊宫　宁仇栾暴　甘钭厉戎

祖武符刘　景詹束龙　叶幸司韶　郜黎蓟薄　印宿白怀　蒲台从鄂　索咸籍赖

卓蔺屠蒙　池乔阴郁　胥能苍双　闻莘党翟　谭贡劳逄　姬申扶堵　冉宰郦雍
卻璩桑桂　濮牛寿通　边扈燕冀　郏浦尚农　温别庄晏　柴翟阎充　慕连茹习
宦艾鱼容　向古易慎　戈廖庚终　暨居衡步　都耿满弘　匡国文寇　广禄阙东
殴殳沃利　蔚越夔隆　师巩库聂　晁勾敖融　冷訾辛阚　那简饶空　曾毋沙乜

2．词组练习

电脑　　遇险　　爱好　　逐步
倒霉　　惩罚　　多余　　面临
错误　　桌椅　　掩饰　　砸烂
继承权　好办法　指导员　甲骨文
男子汉　导火线　坏东西　展览馆
别开生面　　日积月累　　大智若愚　　随机应变
既然如此　　奥林匹克　　智力开发　　繁荣昌盛
中央国家机关　　中国人民解放军
新疆维吾尔自治区　喜马拉雅山

3．文章练习

石室诗士施氏，嗜狮，誓食十狮。适施氏时时适市视狮。十时，适十狮适市。是时，适施氏适市。氏视是十狮，恃矢势，使是十狮逝世。氏拾是十狮尸，适石室。石室湿，氏使侍拭石室。石室拭，氏始试食是十狮尸。食时，始识是十狮尸，实十石狮尸。试释是事。

技能考核参考标准

五笔字型输入法考核标准

等级	录入速度（字数/10分钟）
优秀	60以上
良好	50（含）～59
中等	40（含）～49
及格	30（含）～39
不及格	30以下

模块六

库存现金业务处理

【学习目标】

1．**知识目标**：熟悉库存现金开支范围及其管理的相关规定；掌握库存现金收付业务的处理程序；掌握现金支票的签发方法；掌握库存现金清查的方法。

2．**能力目标**：能熟练办理库存现金收付业务和存取业务；能准确签发现金支票；能进行库存现金清查。

3．**情感目标**：通过库存现金管理相关知识的学习和对案例的思考，培养严谨的工作态度和敏锐的洞察力；能与单位内部、外部的相关人员友好相处并团结协作。

【用品准备】

黑色钢笔或黑色水性笔（0.5mm）、空白会计凭证和库存现金日记账账页、配套练习题。

一、现金收付业务处理

 案例导入

长沙大通体育用品有限公司于 2014 年 12 月 10 日发生了如下几笔业务：

（1）销售部经理张希退回预借的多余差旅费 500 元；

（2）业务员李云出差，需预借差旅费 2 000 元。

> ┃ 思　考 ┃
>
> 以上业务该如何处理？

（一）认知库存现金

库存现金，是指存放在企业财会部门由出纳人员保管的，为了满足企业经营过程中日常零星开支需要而保留的现钞，包括库存的人民币和各种外币。库存现金是企业流动性最强的资产，在资产负债表中的货币资金科目反映。

（二）库存现金管理

各单位都应设置库存现金日记账，用来序时核算和监督库存现金的收入、支出和结存情况。出纳人员应按照经济业务发生的时间先后顺序，根据有关库存现金收款记账凭证、库存现金付款记账凭证和提取现金的银行存款付款记账凭证，逐日逐笔序时登记库存现金日记账，于每日终了，结出库存现金日记账的账面余额，并将其与库存现金实存数额相核对，做到账实相符。由于库存现金具有支付能力强、普遍可接受性、流动频繁性的特点，同时易于发生差错、挪用和盗窃等情况，因此，库存现金收付业务需要明确使用范围，确定库存现金限额，严格管理要求。

1．库存现金开支范围

按照国务院发布的《现金管理暂行条例》规定，开户单位可以在下列范围内使用现金。

（1）职工工资、津贴。

（2）个人劳务报酬。例如，新闻出版单位支付给作者的稿费，各种学校、培训机构支付给外聘教师的授课费，以及设计费、装潢费、安装费、制图费、化验费、测试费、咨询费、医疗费、技术服务费、介绍服务费、经纪服务费、代办服务费、各种演出与表演费，以及其他劳务费用。

（3）根据国家规定颁发给个人的科学技术、文化艺术、体育等各种奖金。

（4）各种劳保、福利费用以及国家规定的对个人的其他支出。其他支出如退休金、抚恤金、学生助学金、职工困难生活补助等。

（5）向个人收购农副产品和其他物资的价款。

（6）出差人员必须随身携带的差旅费。

（7）结算起点以下的零星支出。现行银行结算起点为 1 000 元，超过结算起点的应实行银行转账结算，结算起点的调整由中国人民银行确定报国务院备案。

（8）中国人民银行确定需要支付现金的其他支出。例如，采购地点不固定、交通不便、生产或市场急需、抢险救灾以及其他特殊情况，办理银行转账结算不够方便，必须使用现金支出的。现金支取单位应向开户银行提出书面申请，由本单位财会部门负责人签字盖章，经开户银行审查批准后予以支付现金。

2．库存现金限额

库存现金限额，是指企业为保证日常零星开支需要，按规定允许留存的库存现金最高数额。库存现金限额由开户银行根据根据开户单位的实际需要和距离银行远近等情况，与企业协商核定，一般按单位 3～5 天日常零星开支所需现金量确定，远离银行机构或交通不便的单位可依据实际情况适当放宽，但最高不得超过 15 天日常零星开支所需现金量。库存现金限额一般每年核定一次，单位因生产和业务发展、变化需要增加或减少库存现金限额时，可向其开户银行提出申请，经批准后，方可进行调整，单位不得擅自超出核定限额增加库存现金，超过库存现金限额的现金要及时送存开户银行。

3. 现金收付管理规定

依据《现金管理暂行条例》，单位办理现金收付业务应当遵循以下几条基本原则。

（1）开户单位库存现金一律实行限额管理。具体情况如下。

① 凡在银行开户的独立核算单位都要核定库存现金限额。

② 独立核算的附属单位，由于没有在银行开户，但需要保留现金，也要核定库存现金限额，其限额可包括在其上级单位库存现金限额内。

③ 商业企业的零售门市部或服务行业需要保留找零备用金，其限额可根据企业业务经营需要核定，而不包括在该企业库存现金限额之内。

④ 一个单位在几家银行开户的，由一家开户银行核定开户单位库存现金限额。

（2）单位收入现金，主要是销售业务收入、各种业务收入（如各种赔款、罚款、接受捐赠等收入）、退回预借差旅费收入和收回企业为职工垫付款及其他零星收入等，应于当日送存开户银行，当日送存确有困难的，由开户银行确定送存时间。不准将单位收入的现金作为个人储蓄存款存储，即不得"公款私存"。

（3）单位支付现金，必须遵守现金的使用范围，从本单位库存现金限额中支付或者从开户银行提取，不得从本单位的现金收入中直接支付，即不得擅自"坐支现金"。

坐支现金，是指单位收入现金后未送存开户银行，直接从收入现金中支付现金的行为。因特殊情况需要坐支现金的，应当事先报经开户银行审查批准，由开户银行核定坐支范围和限额。坐支单位应当定期向开户银行报送坐支金额和使用情况。

（4）从开户银行提取现金，必须在"现金支票"上注明真实用途，不准编造和谎报用途套取现金。

（5）到银行办理现金存款业务时，必须在"现金缴款单"上注明来源。

（6）单位之间不得相互借用现金。

（7）不准用借条、欠条等不符合财务制度的凭证顶替库存现金，即不得"白条抵库"。

（8）不准利用银行账户代其他单位和个人存入或支取现金。

（9）不准保留账外公款，即不得私设"小金库"。

（10）不准发行变相货币。

（11）不准以任何票券代替人民币在市场上流通。

（12）落实职务分离制度。具体应做到以下几点。

① 企业应配备专职或兼职出纳人员办理库存现金收支业务和保管工作，非出纳人员不得经管现金。

② 库存现金收支的授权审批和执行库存现金收支的职务要分离。

③ 库存现金的记录和保管要与稽核职务分离。

④ 登记库存现金日记账和登记库存现金总账的职务要分离。

⑤ 出纳人员不得兼管收入、支出、费用、债权债务账目的登记工作。

⑥ 出纳人员不得兼任稽核和会计档案的保管工作。

（三）库存现金收入

1．库存现金收入的处理原则

出纳人员在收入现金时一般应遵循以下几条原则。

（1）"桌面清"原则：是指当面点清，离柜不认。出纳人员在坚持这个原则时应特别注意，如果当事人离开出纳部门后发现款项有错，而返回查询时，出纳人员应在坚持制度的前提下，认真清理库存现金，如确系有误，就应多退少补，否则，应向查询人员耐心解释清楚，尽量避免发生不必要的纠纷。

（2）"唱收"原则：是指出纳人员向付款人收取现金时，要当面说出所收现金金额。例如，收入现金100元，则对付款人说："收您100元"。坚持这个原则可以使出纳人员与付款人再次明确所收金额，避免差错。

（3）"一笔一清"原则：是指清点完一笔，再清点另一笔，不能把几个单位（个人）的现金互相混淆或调换，以免发生错误。如果遇有同时要办理两笔以上现金业务的，应该按业务发生的顺序或来人的先后排队，逐笔处理，不要一笔未办完又插入办另一笔。一笔款项未办理妥当，出纳人员不能离开岗位。出纳人员离开岗位时，应随即将各种印鉴、重要单证和现金锁入保险柜内，要养成"人在岗，章、证、款在；人离岗，章、证、款锁"的良好职业习惯。

（4）坚持"复点"制度：是指收入现金时换人复点应收的现金。双人复点可以互相监督，互相检查，防止错款事故的发生。如果当时只有出纳一人，出纳本人也要自己清点两遍以上，而且要将会计凭证与收入现金的数额反复核对，确认完全一致才能照收。如果在收款业务中发现数额有误，要立即向当事人说明情况，双方当场复核证实后多退少补。若在这方面的工作并不细心，不照章办事，可能引发一些矛盾，造成不良影响。因此，为了保证现金收款金额的准确无误，出纳人员必须坚持"复点"制度，在办完每笔业务之后，集中思想，点准现金，避免各种可能发生的差错。

2．库存现金收入的一般处理程序

（1）审核现金收入来源及有关原始凭证。

（2）清点现金并复点，妥善保管现金。

（3）出具收款收据并加盖"现金收讫"印章，或在审核无误的销售发票上加盖"现金收讫"印章。

（4）根据收款后的原始凭证编制现金收款记账凭证。

（5）根据现金收款记账凭证登记库存现金日记账。

3．库存现金收入的账务处理

借：库存现金（指实收金额）

　　贷：主营业务收入/其他业务收入（指销售业务收入）

　　　　应交税费——应交增值税（销项税额）（指应交的增值税额）

　　　　营业外收入（指各种业务收入，如赔款、罚款、接受捐赠等）

　　　　其他应收款（指退回预借差旅费收入及收回企业为职工垫付款等）

　　　　其他应付款（指收取的押金等）

（四）库存现金支付

库存现金支付一般有直接支付现金和支付现金支票两种方式。

（1）直接支付现金方式：是指出纳人员根据有关支出凭证直接支付现金。这种支付方式要求出纳部门或人员事先做好现金储备，在不超过库存现金限额的情况下，保障现金的支付。

（2）支付现金支票方式：是指出纳人员根据审核无误的有关凭证，将填好的现金支票交给收款人，由收款人直接到开户银行提取现金。这种支付方式与直接支付现金方式作用相同，主要适用于大宗的现金支付业务。

1. 库存现金支付的处理原则

出纳人员在支付现金时一般应遵循以下几条原则。

（1）必须以真实、合法、准确的付款凭证为依据。

（2）必须以谨慎严肃的态度来处理支付业务，宁可慢一些，也不能疏忽大意。

（3）必须以手续完备、审核无误的付款凭证为最终付款依据。

（4）现金支付时，应该当面点清，双方确认无误。

（5）不得套取现金用于支付。常见套取现金的不正当手段如下。

① 编造合理用途或以支取差旅费、备用金的名义支取现金。

② 利用私人或其他单位的账户支取现金。

③ 用公款转存个人储蓄账户支取现金。

④ 用转账方式通过银行、邮局汇兑，异地支取现金。

⑤ 用转账凭证换取现金。

⑥ 虚报冒领工资、资金和津贴补助的。

2. 库存现金支付的一般处理程序

（1）审核付款原始凭证及报销人员填制并经领导批准的报销单。

（2）在审核无误的原始凭证上加盖"现金付讫"印章。

（3）取出现金并进行复点后支付。

（4）根据付款后的原始凭证编制现金付款记账凭证。

（5）根据现金付款记账凭证登记库存现金日记账。

3. 库存现金支付的账务处理

借：管理费用（指支付办公费、差旅费等）

　　销售费用（指支付广告费等与销售的有关费用）

　　原材料/在途物资/材料采购（指购入材料费用）

　　应交税费——应交增值税（进项税额）（指可抵扣的进项税额）

　　贷：库存现金（指实收金额）

（五）典型任务举例

【典型任务一】 2014 年 12 月 2 日，长沙大通体育用品有限公司销售给湖南比克教育咨询有限公司大通牌篮球 5 个，单价为 160 元，价税合计 936 元。本公司收到现金 936 元，当日开具增值税普通发票，货已自提带走。相关出纳业务处理如下。

（1）出纳王思思核对收款收据（见图6-1）和发票（见图6-2）后收取现金，并在收款收据、发票和商品销售通知单上加盖"现金收讫"章，将商品销售通知单第三联交购货单位，作为提货依据。

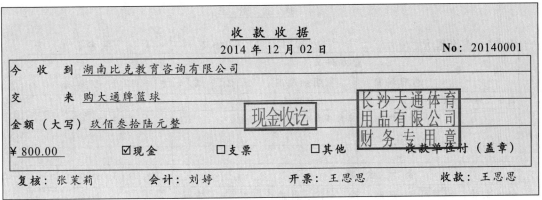

图 6-1　收款收据

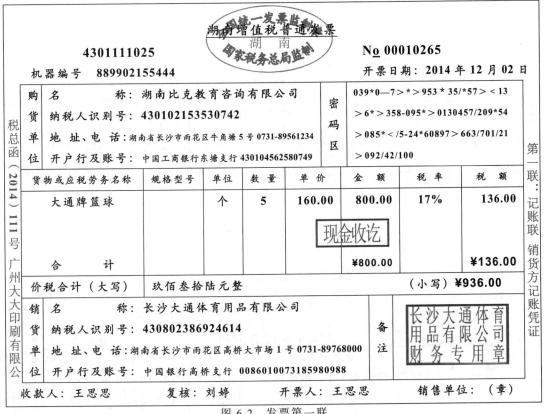

图 6-2　发票第一联

（2）会计刘婷审核收款收据和发票，编制库存现金收款记账凭证（见图6-3），会计主管张茉莉审核。

（3）出纳王思思根据审核无误的库存现金收款记账凭证登记库存现金日记账。

【典型任务二】2014年12月10日，长沙大通体育用品有限公司销售部经理张希交回多余的预借差旅费现金500元。假设长沙大通体育用品有限公司实行非定额备用金制度，其相关出纳业务处理如下。

（1）出纳王思思出具收款收据（见图6-4），并加盖"现金收讫"印章。

收 款 凭 证

借方：__库存现金__　　　　2014 年 12 月 02 日　　　　收字第 01 号

摘 要	贷方科目		金 额											记账
	总账科目	明细科目	亿	千	百	十	万	千	百	十	元	角	分	
销售大通牌篮球	主营业务收入	大通牌篮球						8	0	0	0	0		
	应交税费	应交增值税（销项税额）						1	3	6	0	0		
合 计 金 额							¥	9	3	6	0	0	√	

会计主管：张茉莉　　记账：刘婷　　出纳：王思思　　审核：张茉莉　　制单：刘婷

图 6-3　库存现金收款记账凭证

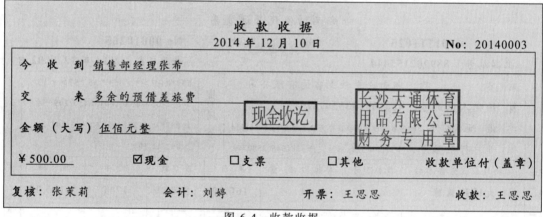

图 6-4　收款收据

（2）会计刘婷根据收款收据，编制库存现金收款记账凭证（见图6-5），会计主管张茉莉审核。

收 款 凭 证

借方：__库存现金__　　　　2014 年 12 月 10 日　　　　收字第 03 号

摘 要	贷方科目		金 额											记账
	总账科目	明细科目	亿	千	百	十	万	千	百	十	元	角	分	
收到预借差旅费余款	其他应收款	张希							5	0	0	0	0	
合 计 金 额								¥	5	0	0	0	0	√

会计主管：张茉莉　　记账：刘婷　　出纳：王思思　　审核：张茉莉　　制单：刘婷

图 6-5　库存现金收款记账凭证

（3）出纳王思思根据审核无误的库存现金收款记账凭证登记库存现金日记账。

【典型任务三】2014 年 12 月 10 日，长沙大通体育用品有限公司业务员李云出差，预借差旅费 2 000 元，以现金支付。相关出纳业务处理如下。

（1）出纳王思思核对员工出差借款单（见图 6-6）后支付款项，并在员工出差借款单上加盖"现金付讫"章。

员工出差借款单
2014 年 12 月 10 日

出差人	李云	出差时间	2014 年 12 月 11 日至 2014 年 12 月 17 日		预定清算日	12 月 18 日
费用项目		费用标准	日数	预借金额	事由、路线	备注
交通费	飞机票				事由： 　销售产品 **现金付讫** 详细路线： 长沙市—怀化市 怀化市—长沙市	① 支票支付金额 　¥　　元 ② 现金支付金额 　¥2 000.00 元 合计金额 　¥2 000.00 元
	火车票			300.00		
	汽车票					
	轮船					
	市内交通			200.00		
住宿费				1 100.00		
伙食补贴				400.00		
通信费						
其他						
小计		—		2 000.00		
借款金额（大写）贰仟元整						
总经理：万军		部门主管：张希		会计主管：张茉莉		借款人：李云

图 6-6　员工出差借款单

（2）会计刘婷审核员工出差借款单，编制库存现金付款记账凭证（见图 6-7），会计主管张茉莉审核。

付 款 凭 证

贷方：库存现金　　　　　2014 年 12 月 10 日　　　　　付字第 03 号

摘　要	借方科目		金　额										记账
	总账科目	明细科目	亿	千	百	十	万	千	百	十	元	角	分	
李云出差预借差旅费	其他应收款	李云						2	0	0	0	0	0	
合 计 金 额							¥	2	0	0	0	0	0	√

附原始凭证 2 张

会计主管：张茉莉　　记账：刘婷　　出纳：王思思　　审核：张茉莉　　制单：刘婷

图 6-7　库存现金付款记账凭证

（3）出纳王思思根据审核无误的库存现金付款记账凭证登记库存现金日记账。

【**典型任务四**】2014 年 12 月 23 日，长沙大通体育用品有限公司办公室人员黄燕经批准购买办公用品 242 元。相关出纳业务处理如下。

（1）出纳王思思核对费用报销单（见图 6-8）和发票（见图 6-9）后办理报销业务，并在费用报销单和发票上加盖"现金付讫"章。

费用报销单

报销部门：办公室　　　　　　　　2014 年 12 月 23 日

摘　要	费用项目	金　额
购买计算器	管理费用（办公费）	110.00
购买打印纸	管理费用（办公费）	102.00
购买笔记本	管理费用（办公费）	30.00
		现金付讫
合　计	人民币（大写）贰佰肆拾贰元整	¥242.00

总经理：万军　部门主管：余林　会计主管：张茉莉　会计：刘婷　出纳：王思思　经办人：黄燕

图 6-8　费用报销单

湖南省国家税务局通用机打发票

发票南联

国家税务总局监制

开票日期：2014-12-23　　　　　　　　　　　行业类别：

税　　号：

收款单位：长沙美美文化用品店

发票代码：143001220666
发票号码：00213888
机打号码：00213888
机器编码：006610088888

付款单位（个人）：长沙大通体育用品有限公司

项　目	单　价	数　量	金　额
计算器	55.00	2	110.00
打印纸	34.00	3	102.00
笔记本	10.00	3	30.00
合计金额（大写）	贰佰肆拾贰元整		¥242.00

收款人：周丹　　　　税控码：

图 6-9　发票

（2）会计刘婷审核费用报销单及发票，编制库存现金付款记账凭证（见图 6-10），会计主管张茉莉审核。

付款凭证

贷方：<u>库存现金</u>　　　　　2014 年 12 月 23 日　　　　　付字第 04 号

摘　要	借方科目		金　额										记账	附原始凭证3张
	总账科目	明细科目	亿	千	百	十	万	千	百	十	元	角	分	
购买办公用品	管理费用	办公费						2	4	2	0	0		
合　计　金　额								¥	2	4	2	0	0	√

会计主管：<u>张茉莉</u>　记账：<u>刘婷</u>　出纳：<u>王思思</u>　审核：<u>张茉莉</u>　制单：<u>刘婷</u>

图 6-10　库存现金付款记账凭证

（3）出纳王思思根据审核无误的库存现金付款记账凭证登记库存现金日记账。

能力训练

1. **单项选择题**

（1）企业财务部门出纳经管的库存现金包括（　　　）。

A. 库存的人民币和外币

B. 个人领取备用的现金

C. 销售部门留存用于找零的现金

D. 所属单位上缴的在途现金

（2）下列关于现金管理的说法不正确的是（　　　）。

A. 开户单位库存现金一律实行限额管理

B. 所有企业都禁止坐支现金

C. 企业收入的现金不准作为储蓄存款存储

D. 收入现金应及时送存银行

（3）企业如因特殊情况需要坐支现金的，应事先报经（　　　）审查批准。

A. 财政部门　　　　B. 税务部门　　　　C. 开户银行　　　　D. 工商部门

（4）企业日常的库存现金限额应由（　　　）根据企业的实际需要核定一个限额。

A. 财政部门　　　　B. 税务部门　　　　C. 开户银行　　　　D. 工商部门

（5）库存现金限额一般为企业（　　　）日常零星开支需要量。

A. 1～3 天　　　　B. 3～5 天　　　　C. 5～10 天　　　　D. 10～15 天

（6）库存现金日记账应由出纳人员根据收付款凭证逐日逐笔登记，（　　　）结出余额与库存现金核对。

A. 每月　　　　B. 每日　　　　C. 定期　　　　D. 每 3～5 天

（7）下列不能用库存现金支付的是（　　　）

A. 购买办公用品 100 元

B. 向个人收购农副产品 10 000 元

C. 从某公司购入工业产品 20 000 元

D. 支付职工差旅费 5 000 元

（8）以现金 100 元购买办公用品，发给财务部会计人员使用，应借记（　　　）账户，贷记"库存现金"账户。

A. 制造费用　　　　B. 管理费用　　　　C. 财务费用　　　　D. 销售费用

（9）职工李云出差归来，报销差旅费 500 元，交回多余现金 100 元。应填制的记账凭证是（　　　）。

A. 收款凭证　　　　　　　　B. 收款凭证和转账凭证

C. 转账凭证　　　　　　　　D. 收款凭证和付款凭证

（10）出纳人员在办理收款或付款后，应在（　　　）上加盖"现金收讫"或"现金付讫"的戳记，以避免重收重付。

A. 记账凭证　　　　B. 付款凭证　　　　C. 收款凭证　　　　D. 原始凭证

2．多项选择题

（1）企业应坚持"钱账分管"的内部控制制度，出纳人员不得兼管（　　　）。

    A．现金、银行存款日记账的登记工作

    B．费用、收入账簿的登记工作

    C．债权、债务账的登记工作

    D．稽核工作

（2）按照《现金管理暂行条例》，下列属于现金使用范围的有（　　　）。

    A．支付职工的工资、津贴　　　　　　B．出差人员必须随身携带的差旅费

    C．企业购买生产材料　　　　　　　　D．支付城乡居民个人的劳务报酬

（3）下列项目中，不允许使用现金的是（　　　）。

    A．预支差旅费　　　　　　　　　　　B．购买运输卡车

    C．购买专利　　　　　　　　　　　　D．支付企业水电费

（4）下列各项中，可以用现金支付的有（　　　）。

    A．支付出差人员差旅费 200 元

    B．一次性购入办公用品 1 200 元

    C．向个人收购农产品支付货款 1 800 元

    D．购买材料 3 000 元

（5）根据现金收支日常管理的有关规定，下列说法不正确的是（　　　）。

    A．企业支付现金时，可以从本单位的现金收入中直接支付

    B．企业可以"白条顶库"，但最长时间不得超过 1 个月

    C．企业可以"白条顶库"，但最长时间不得超过 1 天

    D．企业现金收入应于当日送存开户银行，当日送存有困难的，由开户银行确定送存时间

3．判断题

（1）企业库存现金日记账应由会计主管根据审核无误的记账凭证逐日逐笔进项登记。　　　　　　　　　　　　　　　　　　　　　　　　　　　　　　（　　　）

（2）出纳人员应在现金收、付款记账凭证上签字。　　　　　　　　　　　（　　　）

（3）出纳人员可以兼管收入费用、债权债务账目的登记工作。　　　　　　（　　　）

（4）在现金收款业务中，单位出纳人员如发现假币就应马上没收。　　　　（　　　）

（5）每日终了后，出纳人员应将其使用的空白支票、银钱收据、印章、私人财物等放入保险柜内。　　　　　　　　　　　　　　　　　　　　　　　　　（　　　）

4．综合实训题

假设长沙大通体育用品有限公司实行非定额备用金制度，2015 年 1 月发生下列经济业务。

（1）1 月 13 日，业务员李云出差，预借差旅费 2 000 元。

要求：根据有关单据资料（见图 6-11、图 6-12）编制库存现金付款记账凭证（见图 6-13）。

员 工 出 差 申 请 表

姓 名	李云	部 门	销售部	是否借支	☑是	□否
出差地	衡阳市	出差时间	2015.1.12.	出差人数	1	
出差目的		销售产品	预期效果		销售体育用品一批	

申请人：李云	部门主管：张希
同意 2015 年 1 月 12 日	同意 2015 年 1 月 12 日

总经理：万军
同意 2015 年 1 月 12 日

图 6-11 员工出差申请表

员 工 出 差 借 款 单
2015 年 1 月 12 日

出差人	李云	出差时间	2015 年 1 月 13 日至 2015 年 1 月 19 日		预定清算日	1 月 20 日

费用项目		费用标准	日数	预借金额	事由、路线	备注
交通费	飞 机 票				事由： 销售产品 现金付讫	①支票支付金额 ¥ 元 ②现金支付金额 ¥2 000.00 元 合计金额 ¥2 000.00 元
	火 车 票			200.00		
	汽 车 票					
	轮 船					
	市内交通			200.00		
住 宿 费				1 100.00	详细路线： 长沙市—衡阳市 衡阳市—长沙市	
伙 食 补 贴				400.00		
通 信 费						
其 他				100.00		
小 计			—	2 000.00		

借款金额（大写）贰仟元整

总经理：万军	部门主管：张希	会计主管：张茉莉	借款人：李云

图 6-12 员工出差借款单

付 款 凭 证

贷方：＿＿＿＿＿＿　　　　　年　月　日　　　　　付字第　号

摘 要	借方科目		金 额											记账	附
	总账科目	明细科目	亿	千	百	十	万	千	百	十	元	角	分		原始凭证 张
合 计 金 额															

会计主管：　　　　记账：　　　　出纳：　　　　审核：　　　　制单：

图 6-13 库存现金付款记账凭证

（2）1月15日，仓库管理员田大海因工作疏忽造成2个大通牌篮球丢失，罚款200元。

要求： 根据有关单据资料（见图6-14、图6-15）编制库存现金收款记账凭证（见图6-16）。

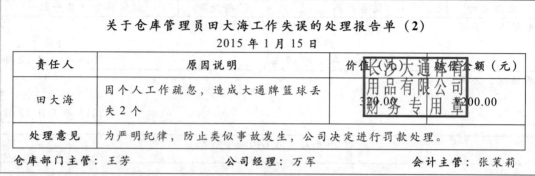

图 6-14 处理报告单

收 款 收 据

2015 年 1 月 15 日   No: 20150002

今 收 到 仓库管理员田大海

交 来 罚款

金额（大写）贰佰元整

¥ 200.00   ☑现金   □支票   □其他   收款单位付（盖章）

复核：张茉莉   会计：刘婷   开票：王思思   收款：王思思

图 6-15 收款收据

收 款 凭 证

借方：_____   年 月 日   收字第 号

摘 要	贷方科目		金 额											记账	
	总账科目	明细科目	亿	千	百	十	万	千	百	十	元	角	分		原始凭证张
合 计 金 额															

会计主管：   记账：   出纳：   审核：   制单：

图 6-16 库存现金收款记账凭证

（3）1月16日，支付办公室购买办公用品费用200元。

要求： 根据有关单据资料（见图 6-17、图 6-18）编制库存现金付款记账凭证（见图 6-19）。

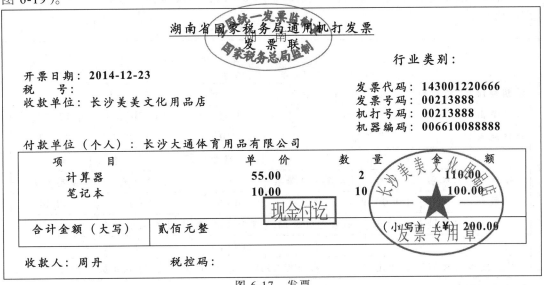

图 6-17　发票

费用报销单

报销部门：办公室　　　　　　　2015 年 1 月 16 日

摘　要	费用项目	金　额
购买计算器	管理费用（办公费）	110.00
购买笔记本	管理费用（办公费）	100.00
合　计	人民币（大写）贰佰元整	¥200.00

总经理：万军　部门主管：余林　会计主管：张茉莉　会计：刘婷　出纳：王思思　经办人：黄燕

图 6-18　费用报销单

付　款　凭　证

贷方：_____　　　　　　　年　月　日　　　　　　　　　付字第　　号

摘　　要	借方科目		金　　额											记账	附
	总账科目	明细科目	亿	千	百	十	万	千	百	十	元	角	分		原始凭证 张
	合　计　金　额														

会计主管：　　　记账：　　　出纳：　　　审核：　　　制单：

图 6-19　库存现金付款记账凭证

（4）1 月 20 日，业务员李云出差回来，报销差旅费 1 500 元，剩余款项退回财务部门。

要求：根据有关单据资料（见图 6-20、图 6-21），编制库存现金收款记账凭证（见图 6-22）。

差旅费报销单

2015 年 1 月 20 日　　　　附件 3 张

报销部门	销售部		姓名	李云	职别		
出差事由	销售产品				出差日期	自 2015 年 1 月 13 日 至 2015 年 1 月 19 日共 7 天	
到达地点	衡阳市						
项目金额	交通工具				住宿费	伙食补助	
	飞机票	火车票	汽车票	轮船票	共 6 天	在途 1 天	住宿 6 天
		159.00			840.00	50.00	300.00
	火车卧铺补助费		不乘飞机补助		市内交通费	住宿费包干结余	其他
					100.00		51.00
金额人民币（大写）贰仟元整 ¥2 000.00					预借 2 000.00 元，交回 500.00 元；补付＿＿元		

现金付讫

总经理：万军　　部门主管：张希　　会计主管：张茉莉　　借款人：李云

图 6-20　差旅费报销单

收　款　收　据

2015 年 1 月 20 日　　　　No：20150003

今　收　到　业务员李云

交　　　来　多余的预借差旅费

金额（大写）伍佰元整

¥500.00　　☑现金　　☐支票　　☐其他　　收款单位付（盖章）

现金收讫　　长沙大通体育用品有限公司财务专用章

复核：张茉莉　　会计：刘婷　　开票：王思思　　收款：王思思

图 6-21　收款收据

收　款　凭　证

借方：＿＿＿＿　　　　年　月　日　　　　收字第　　号

摘要	贷方科目		金额											记账
	总账科目	明细科目	亿	千	百	十	万	千	百	十	元	角	分	
合计金额														

附原始凭证　张

会计主管：　　记账：　　出纳：　　审核：　　制单：

图 6-22　库存现金收款记账凭证

二、现金存取业务处理

 案例导入

长沙大通体育用品有限公司于 2014 年 12 月 2 日发生了如下几笔业务。

（1）下班前，出纳王思思将当日一笔销货款送存银行，金额为 936 元，其中 100 元面额的 8 张，50 元面额的 2 张，10 元面额的 3 张，5 元面额的 1 张，1 元面额的 1 张。

（2）因零星支出需要，出纳王思思到银行基本存款账户提取备用金 8 000 元。

思考：出纳王思思该如何处理以上业务？

（一）库存现金送存

各单位必须依据开户银行核定的库存现金限额保管使用现金，对当日业务活动收入的现金以及超过库存现金限额的现金，应按规定及时送存开户银行。现金送存开户银行业务处理流程如下。

（1）整点票币。出纳人员应整理、合计出需送存交款的金额。

（2）填写现金存款凭证（指现金缴款单/现金交款单/现金存款单/现金解款单）。出纳人员应根据整理、合计出需送存交款的金额，填写一式三联的"现金缴款单"（见图 6-23）。第一联为回单，此联由银行盖章后退回送存交款单位作为记账凭证；第二联为银行收入凭证，此联由收款人开户银行作为现金收入凭证；第三联为附联或附件，此联由银行出纳作为底联备查。

中国银行 现金缴款单（一式三联）　　编号：

科目：			年　月　日						对方科目：								
收款单位	全　称								款项来源								
	账　号								经款部门								
人民币 （大写）					千	百	十	万	千	百	十	元	角	分			
卷别	张数	十万	千	百	十	元	角	分	卷别	张数	千	百	十	元	角	分	
壹百元									伍角								收款银行 盖章
伍拾元									贰角								
贰拾元									壹角								
壹拾元									伍分								
伍元									贰分								
贰元									壹分								
壹元																	

图 6-23　现金缴款单

（3）送存交款。出纳人员将整点好的票币连同现金存款凭证一起送交银行柜台收款员。交款时，送款人必须同银行柜台收款员当面交接清点，如有差异，应当面复核。经柜台收款员清点无误后，银行按规定在现金存款凭证上加盖印章，并将"现金缴款单回单联"退还给送款人，表示款项已收妥，送款人接到回单联后应当即进行检查，确认无误后才能离开柜台。若企业因交款数额较大，银行当面清点确有困难的，可事先与银行协商，双方规定有关条件，并签订协议书，采取"封包交款"（是指交款企业把要交存银行的现金，按照有关要求进行整理，并按照银行的规定捆包好，在捆包上加贴封签，写明金额，加盖公章，连同填好的现金存款凭证一并送交银行）的办法交款。

（4）编制库存现金付款记账凭证（注意一般不编制银行存款收款记账凭证）。

（5）登记库存现金日记账。

（二）库存现金支取

各单位零星开支（如支付差旅费、招待费、电话费和工资等）需要使用现金时，或库存现金小于库存现金限额需要补足时，可从银行基本存款账户提取现金。从银行基本存款账户提取现金业务处理流程如下。

（1）签发现金支票。现金支票，是指专门用于支取现金的一种支票。由存款人签发，委托开户银行向收款人支付一定数额的现金。开户单位应按库存现金的开支范围签发现金支票，现金支票的金额起点为 100 元，其付款方式是见票即付。现金支票票样正面如图 6-24 所示，现金支票票样背面如图 6-25 所示，签发现金支票的具体要求如表 6-1 所示。

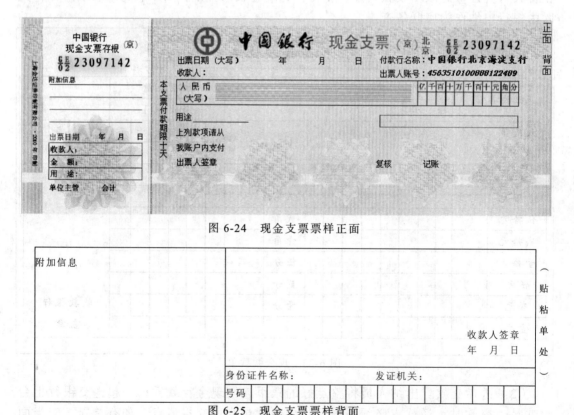

图 6-24 现金支票票样正面

图 6-25 现金支票票样背面

表 6-1　　　　　　　　　　　　　签发现金支票的具体要求

支票项目	现金支票签发要求
出票日期	（1）支票正联正面日期：应填写出票当天的日期，且数字必须大写，以防止变造日期。填写时，1月、2月和10月前应加"零"，如10月应写为"零壹拾月"；1～10日、20日、30日前也应加"零"，如1日应写为"零壹日"。如10月20日应写为"零壹拾月零贰拾日" （2）支票正联背面日期：应用小写填写出票当天的日期
收款人	（1）现金支票收款人为单位的，填写单位全称 （2）现金支票收款人为个人的，填写个人名字
付款行名称	出票单位基本存款账户开户银行全称
出票人账号	出票单位基本存款账户开户银行账号
支票金额	中文大写和阿拉伯数字小写必须一致。大写金额前应写"人民币"字样，且两者之间不得留有空格。小写金额最高金额位的前一格应填写人民币符号"￥"
支票用途	简要填写所提现金的用途。现金支票有一定限制，一般填写"备用金"、"差旅费"、"工资"、"劳务费"等
签名盖章	现金支票填好后，撕下支票正联加盖预留银行印鉴后交给收款人 （1）支票正联正面签章：应加盖财务专用章和法人代表章，两者缺一不可，使用红色印泥，印章必须清晰，若印章模糊只能将本张支票作废，换一张支票重新填写再盖章 （2）支票正联背面签章：若现金支票收款人为单位，应在支票正联背面"收款人签章"处加盖本单位的财务专用章和法定代表人章，收款人可凭现金支票到开户银行提取现金；若现金支票收款人为个人，只在支票正联背面填写身份证号码和发证机关名称，收款人可凭身份证和现金支票签字取款
支票存根	现金支票填好后，支票存根联留作本单位记账凭证 （1）出票日期：应用小写填写与支票正联正面和背面一致的日期 （2）收款人：应填写收款单位全称，不得简写，要与支票正联单位名称一致 （3）金额：应用小写填写，要与支票正联正面的大写、小写金额一致 （4）用途：要与支票正联用途一致 （5）单位主管、会计：应由单位财务负责人、会计签名或盖章 （6）附加信息：可填写与支票正联背面一致的需要说明的有关事项，其并非票据的必要记载事项，欠缺记载此项并不影响票据的效力
有关规定	（1）支票书写要清晰，不能潦草，更不能有涂改痕迹，如不慎写错，只能将本支票作废，在该页上注明"作废"字样，再换一张支票重新填写。作废的支票连同其存根一起保存备查，不得撕毁 （2）现金支票的有效期为10天，有效期自签发的次日算起，到期日遇节假日顺延。过期支票自动作废，银行不予受理。不得签发远期支票 （3）现金支票见票即付，不记名、不能背书转让，但丢失可在开户银行挂失

（2）将现金支票交银行审核办理支取现金业务。银行经办人员对现金支票进行审核，在核对密码或预留印鉴后，办理规定的付款手续。同时，出纳人员应根据银行经办人员的要求回答应提取的数额，回答无误后银行经办人员按照现金支票所列金额支付。

（3）清点现金。收到银行经办人员给付的现金时，应当面清点现金数量。如发现有残缺、损伤的票币以及假币应向银要求调换。

（4）编制银行存款付款记账凭证。见模块七第二部分支票业务办理，下同。注意一般不编制库存现金收款记账凭证。

（5）登记库存现金日记账。

（三）典型任务举例

【典型任务一】

2014 年 12 月 2 日下班前，长沙大通体育用品有限公司出纳王思思将当日一笔销货款送存银行，金额为 936 元，其中 100 元面额的 8 张，50 元面额的 2 张，10 元面额的 3 张，5 元面额的 1 张，1 元面额的 1 张。相关出纳业务处理如下。

（1）出纳王思思根据现金清点情况，填写一式三联的现金缴款单回单联（见图6-26），并将现金连同现金缴款单一起送存开户银行。

中国银行 现金缴款单（回单） 编号：0731123

2014 年 12 月 02 日 对方科目：

科目：

收款单位	全 称	长沙大通体育用品有限公司							款项来源		销售部
	账 号	0086010073185980988							经款部门		财务部

人民币（大写） 玖佰叁拾陆元整

	千	百	十	万	千	百	十	元	角	分
						¥	9	3	6	0	0

卷别	张数	十	万	千	百	十	元	角	分	卷别	张数	千	百	十	元	角	分
壹百元	8			8	0	0	0	0		伍角							
伍拾元	2			1	0	0	0	0		贰角							
贰拾元										壹角							
壹拾元	3				3	0	0	0		伍分							
伍元	1					5	0	0		贰分							
贰元										壹分							
壹元	1					1	0	0									

中国银行高桥支行 2014.12.02 现金收讫

收款银行盖章

图 6-26 现金缴款单

（2）出纳王思思将现金缴款单第一联回单交给会计刘婷，以编制库存现金付款记账凭证（见图6-27），会计主管张茉莉审核。

付 款 凭 证

贷方：库存现金 2014 年 12 月 02 日 付字第 01 号

摘 要	借方科目		金 额											记账	附
	总账科目	明细科目	亿	千	百	十	万	千	百	十	元	角	分		原始凭证1张
销货款存入银行	银行存款								9	3	6	0	0		
合 计 金 额								¥	9	3	6	0	0	√	

会计主管：张茉莉 记账：刘婷 出纳：王思思 审核：张茉莉 制单：刘婷

图 6-27 库存现金付款记账凭证

（3）出纳王思思根据审核无误的库存现金付款记账凭证登记库存现金日记账。

【典型任务二】

2014 年 12 月 2 日，长沙大通体育用品有限公司出纳王思思到银行基本存款账户提取备用金 8 000 元。相关出纳业务处理如下。

（1）出纳王思思签发现金支票，在现金支票正联正面（见图 6-28）和背面（见图 6-29）分别加盖"法定代表人章"（具有财务支付职能的印鉴章不得由一人保管，应分人保管、相互牵制，一般出纳保管一枚法人章）；会计刘婷核对后，在支票的正联正面和背面加盖"财务专用章"（一般会计保管一枚财务专用章），并在存根联处签章；后交会计主管张茉莉审核，其在存根联处签章。

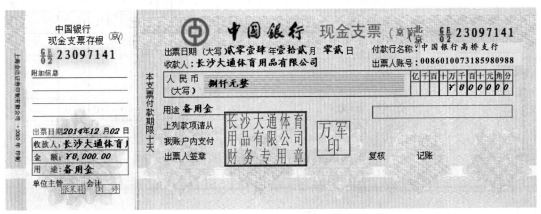

图 6-28　现金支票正联正面

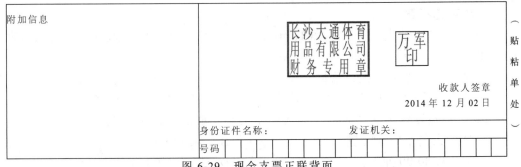

图 6-29　现金支票正联背面

（2）出纳王思思填写"支票领用登记簿"（见图 6-30）。

支票领用登记簿

日期	支票类型	支票号码	收款单位	金额	用途	领用人	报销日期
2014.12.02	现金支票	8888	长沙大通体育用品有限公司	8 000.00	备用金	王思思	2014.12.02

图 6-30　支票领用登记簿

（3）出纳王思思到基本存款账户开户银行办理提取现金业务（大额提款应由指定会计及保安人员陪同前往）。

（4）会计刘婷审核现金支票存根联，编制银行存款付款记账凭证（见图 6-31），会计主管张茉莉审核。

付 款 凭 证

贷方：银行存款		2014 年 12 月 02 日											付字第 02 号		
摘　　要	借方科目		金　　额										记账	附原
	总账科目	明细科目	亿	千	百	十	万	千	百	十	元	角	分		始凭
提取现金	库存现金							8	0	0	0	0	0		证1
															张
合 计 金 额							¥	8	0	0	0	0	0	√	

会计主管：张茉莉　　记账：刘婷　　出纳：王思思　　审核：张茉莉　　制单：刘婷

图 6-31　银行存款付款记账凭证

（5）出纳王思思根据审核无误的银行存款付款记账凭证登记库存现金日记账。

能力训练

1. 单项选择题

（1）某公司出纳人员孙某于 2010 年 2 月 10 日签发了一张转账支票，转账日期填写正确的是（　　）。

  A. 贰零壹零年贰月拾日　　　　　　B. 贰零壹零年零贰月壹拾日

  C. 贰零壹零年零贰月零壹拾日　　　D. 贰零壹零年贰月壹拾日

（2）出纳签发现金支票时，下列人民币书写正确的是（　　）。

  A. 人民币二千元整　　　　　　　　B. 4 250.00 元

  C. ¥380.00 元　　　　　　　　　　D. ¥3 650.00

（3）现金支票的提示付款期限为自出票日起（　　）。

  A. 7 日　　　　B. 10 日　　　　C. 1 个月　　　　D. 3 个月

（4）不论单位还是个人都不能签发（　　）。

  A. 现金支票　　B. 转账支票　　C. 普通支票　　D. 空头支票

（5）从银行提取现金，出纳人员除了填写现金支票外，还应填写（　　）。

  A. 支票领用簿　　B. 发票领用簿　　C. 收据领用簿　　D. 以上均不对

（6）将库存现金存入银行，应编制的记账凭证是（　　）。

  A. 现金付款凭证　　　　　　　　　B. 现金收款凭证

  C. 银行存款付款凭证　　　　　　　D. 银行存款收款凭证

（7）从银行提取现金备用，登记库存现金日记账的依据是（　　）。

A．现金付款凭证　　　　　　　　B．现金收款凭证

C．银行存款付款凭证　　　　　　D．银行存款收款凭证

（8）下列各项可交存现金但不能支取现金的账户是（　　　）。

A．基本存款账户　　　　　　　　B．一般存款账户

C．临时存款账户　　　　　　　　D．专项存款账户

（9）企业从银行提取现金，应（　　　）。

A．借记"库存现金"　　　　　　　B．借记"银行存款"

C．借记"备用金"　　　　　　　　D．贷记"库存现金"

（10）代理他人在银行办理规定金额以上的现金存取业务时，应当（　　　）以配合金融机构履行客户身份识别义务。

A．无须出示身份证件

B．只出示代理人有效身份证件

C．只出示被代理人有效身份证件

D．同时出示代理人与被代理人的有效身份证件

2．多项选择题

（1）出纳签发现金支票时，符合书写要求的是（　　　）。

A．阿拉伯数字前面应当写币种符号

B．大写金额有分的，分字后面可以写整，也可以不写整

C．汉字大写金额不得写简化字

D．书写金额与币种符号间不得留有空白

（2）出纳人员在日常工作中误收假币，以下处理方法不正确的是（　　　）。

A．折价兑换给他人　　　　　　　B．趁人不注意，夹在真币中付给他人

C．上缴当地银行　　　　　　　　D．当捐款捐入捐款箱

（3）一般存款账户可以办理的业务是（　　　）。

A．借款转存　　　B．借款归还　　　C．现金缴存　　　D．现金支取

3．判断题

（1）填写现金支票的日期应以阿拉伯数字填写。　　　　　　　　　（　　　）

（2）所有开户单位的现金收入必须于当日送存开户银行。　　　　　（　　　）

（3）签发现金支票必须用钢笔填写，钢笔墨水可用蓝色、蓝黑色、黑色。（　　　）

（4）出纳人员要对空白的支票要加强管理，对于作废的支票可以将其撕掉。

（　　　）

（5）按《票据法》的规定，不准签发空头支票、不准签发远期支票。　（　　　）

4．综合实训题

（1）2015 年 1 月 12 日下午，长沙大通体育用品有限公司出纳王思思盘点现金，将超过银行核定的库存现金限额的余款送存银行，金额为 3 590 元，其中 100 元面额的 30 张，50 元面额的 10 张，20 元面额的 4 张，10 元面额的 1 张。

要求：出纳王思思填写一式三联的现金缴款单（见图 6-32）。

中国银行 现金缴款单（一式三联）　编号：

科目：　　　　　　　　　　　年　月　日　　　　　　　　　　　对方科目：

收款单位	全　称								款项来源										
	账　号								经款部门										
人民币 （大写）									千	百	十	万	千	百	十	元	角	分	
卷别	张数	十	万	千	百	十	元	角	分	卷别	张数	千	百	十	元	角	分		
壹百元										伍角									
伍拾元										贰角									
贰拾元										壹角									
壹拾元										伍分									
伍元										贰分									
贰元										壹分						收款银行			
壹元																盖章			

图 6-32　现金缴款单

（2）2015 年 1 月 22 日，长沙大通体育用品有限公司出纳王思思从基本存款账户开户银行提取 24 000 元现金，用于发放职工春节慰问金。

要求：出纳王思思签发现金支票（见图 6-33）。

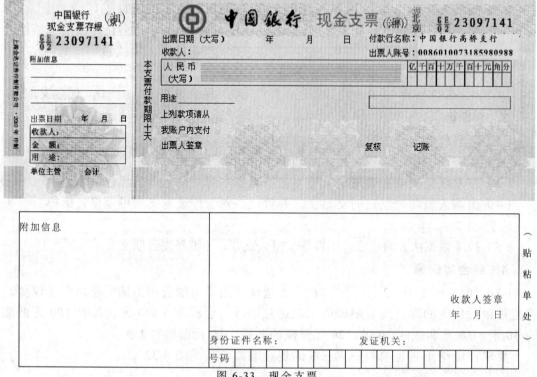

图 6-33　现金支票

三、库存现金清查

案例导入

2014年12月26日，长沙大通体育用品有限公司财会部门"清查小组"清查库存现金，出纳王思思在场。

（1）发现短缺40元。经查，系出纳王思思支付现金时出现差错，12月29日，经领导批复由出纳王思思全额赔偿。

（2）发现溢余40元。经查，为应支付给员工黄燕的报销费用，12月29日，经领导批复立即支付。

> **思 考**
>
> 库存现金清查及清查结果相关的账务处理。

（一）库存现金清查

库存现金清查，是指通过实地盘点库存现金，查明其实有数，将实有数与账面数进行核对，确定其是否一致，是否存在短缺或溢余的专项工作，包括人民币和各种外币的清查。

各单位对库存现金的清查主要采用实地盘点的方法，除出纳人员于每日结账后对其经管的现金进行清点外，单位财会部门还应设立专门的清查小组，对库存现金进行定期和不定期的清查。库存现金盘点时，出纳人员必须在场，以明确责任；既要清点现金实存数，并与库存现金日记账余额相核对，又要严格检查库存现金限额的遵守情况以及有无以白条抵充现金的现象。盘点完毕后，应根据盘点结果和库存现金日记账的结存余额填制一式三联的"库存现金盘点报告表"，将现金盘点后的短缺或溢余情况及其原因如实记录。库存现金盘点报告表兼有"盘存单"和"实存账存对比表"的双重作用，是对库存现金进行差异分析和用以调整账项的原始凭证。其第一联为记账联，第二联为批复联，第三联为存根联。库存现金盘点结束后，应对盘点中出现的问题进一步审查，分析库存现金溢余与短缺的原因，并根据有关规定提出处理意见：①对超限额保管的库存现金，应建议及时送存银行；②对出现的短缺或溢余问题，应查明原因和责任；③对尚未入账的符合财务制度规定的收、付凭证，应按规定及时入账，以保证会计信息的真实准确；④对不符合财务制度规定的借条，应要求追回款项。

（二）库存现金短缺及溢余处理

1. 库存现金短缺及溢余的处理程序

（1）根据库存现金盘点报告表编制记账凭证，记入"待处理财产损溢"账户，做到账实相符。同时，将库存现金短缺或溢余的原因及处理建议向单位领导报告。

（2）接到单位领导及有关部门的批复意见后，根据库存现金短缺或溢余的性质及原因，分别编制向责任人索赔、支付给有关人员或单位、转入管理费用、转作营业外收入等的记账凭证，并记入有关账簿，同时核销"待处理财产损溢"账户的记录。

2. 库存现金短缺及溢余的账务处理

（1）库存现金短缺的账务处理。

① 库存现金短缺确认。

借：待处理财产损溢——待处理流动资产损溢（指实际短缺金额，依据库存现金盘点报告表）

　　贷：库存现金（指实际短缺金额）

② 查明短缺原因后。

借：其他应收款（指收回的保险赔偿款或过失人赔偿款金额，依据保险赔偿凭证及领导批复通知单）/库存现金（指实际收到金额，依据收款收据）

　　管理费用（指"待处理财产损溢"账户借方差额）

　　贷：待处理财产损溢——待处理流动资产损溢（指实际短缺金额）

（2）库存现金溢余的账务处理。

① 库存现金溢余确认。

借：库存现金（指实际溢余金额）

　　贷：待处理财产损溢——待处理流动资产损溢（指实际溢余金额，依据库存现金盘点报告表）

② 查明溢余原因后。

借：待处理财产损溢——待处理流动资产损溢（指实际溢余金额）

　　贷：其他应付款（指实际应支付金额，依据支付给个人的现金支付单或支付给单位的收款收据）

　　营业外收入（指"待处理财产损溢"账户贷方差额）

（三）典型任务举例

2014 年 12 月 26 日，长沙大通体育用品有限公司财会部门"清查小组"清查库存现金，出纳王思思在场。

1. 发现短缺40元。

经查，是出纳王思思支付现金时出现差错，12 月 29 日，经领导批复由出纳王思思全额赔偿。相关出纳业务处理如下。

（1）会计刘婷依据审核后的库存现金盘点报告表编制库存现金付款记账凭证（见图 6-34），会计主管张茉莉审核。

付 款 凭 证

贷方：<u>库存现金</u>　　　　　2014 年 12 月 26 日　　　　　付字第 05 号

摘　要	借方科目		金　额											记账
	总账科目	明细科目	亿	千	百	十	万	千	百	十	元	角	分	
清查现金短缺	待处理财产损溢	待处理流动资产损溢								4	0	0	0	
合 计 金 额									¥	4	0	0	0	√

会计主管：<u>张茉莉</u>　记账：<u>刘 婷</u>　出纳：<u>王思思</u>　审核：<u>张茉莉</u>　制单：<u>刘 婷</u>

附原始凭证1张

图 6-34　库存现金付款记账凭证

（2）出纳王思思根据审核无误的库存现金付款记账凭证登记库存现金日记账。

（3）会计刘婷填写收款收据（见图 6-35），出纳王思思核对库存现金盘点报告表第二联批复联（见图 6-36）后收款，并在收款收据上加盖"现金收讫"章。

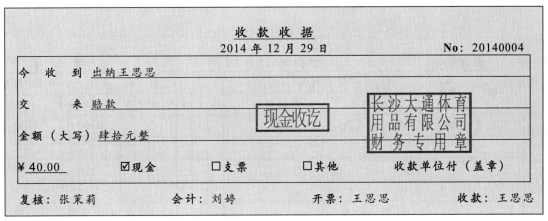

图 6-35 收款收据

库存现金盘点报告单
第二联 批复联

填报部门：财务部　　　　　　　　2014 年 12 月 26 日　　　　　　　编号：20141201

库存现金盘点			核对账面余额		盘点结果	
面值	数量	金额	项目	金额	溢余	短缺
100 元	15	1 500	账面余额	3 080		40
50 元	29	1 450	加：收入未记账	0	盘点结果要点说明	
20 元	1	20	减：支出未记账	0	1．盘点时间：2014.12.26 下午 5:10	
10 元	4	40	调整后现金余额	3 080	2．总账与库存现金日记账余额核对相符	
5 元	4	20	处理决定			
2 元			上述现金短缺为出纳失职造成，由出纳王思思赔偿		3．原始凭证与记账凭证核对相符；记账凭证与现金日记账核对相符	
1 元	10	10			4．库存现金短缺 40 元	
5 角					5．责成出纳细查	
2 角			长沙大通体育用品有限公司财务专用章			
1 角						
5 分						
2 分			2014 年 12 月 29 日			
1 分						
合计		3 040				

总经理：万军　　　　盘点人：刘婷　　　　监盘人：张茉莉　　　　出纳：王思思

图 6-36 库存现金盘点报告表第二联批复联

（4）会计刘婷编制库存现金收款记账凭证（见图 6-37），会计主管张茉莉审核。

（5）出纳王思思根据审核无误的库存现金收款记账凭证登记库存现金日记账。

2．发现溢余40元

经查，为应支付给员工黄燕的报销费用，12 月 29 日，经领导批复立即支付。相关出纳业务处理如下。

（1）会计刘婷依据审核后的库存现金盘点报告表编制库存现金收款记账凭证（见图 6-38），会计主管张茉莉审核。

收 款 凭 证

借方：__库存现金__　　　　　　2014 年 12 月 29 日　　　　　收字第 04 号

摘　要	贷方科目		金　额											记账
	总账科目	明细科目	亿	千	百	十	万	千	百	十	元	角	分	
王思思交赔款	其他应收款	王思思							4	0	0	0		
合 计 金 额								￥	4	0	0	0		√

会计主管：张茉莉　　记账：刘婷　　出纳：王思思　　审核：张茉莉　　制单：刘婷

附原始凭证 1 张

图 6-37　库存现金收款记账凭证

收 款 凭 证

借方：__库存现金__　　　　　　2014 年 12 月 26 日　　　　　收字第 05 号

摘　要	贷方科目		金　额											记账
	总账科目	明细科目	亿	千	百	十	万	千	百	十	元	角	分	
清查现金溢余	待处理财产损溢	待处理流动资产损溢							4	0	0	0		
合 计 金 额								￥	4	0	0	0		√

会计主管：张茉莉　　记账：刘婷　　出纳：王思思　　审核：张茉莉　　制单：刘婷

附原始凭证 1 张

图 6-38　库存现金收款记账凭证

（2）出纳王思思根据审核无误的库存现金收款记账凭证登记库存现金日记账。

（3）出纳王思思核对库存现金盘点报告表第二联批复联（见图 6-39）后办理支付业务。

（4）会计刘婷编制库存现金付款记账凭证（见图 6-40），会计主管张茉莉审核。

（5）出纳王思思根据审核无误的库存现金付款记账凭证登记库存现金日记账。

图 6-39 库存现金盘点报告表第二联批复联

库存现金盘点报告单

第二联 批复联

填报部门：财务部　　　　　　2014 年 12 月 26 日　　　　　　编号：20141202

库存现金盘点			核对账面余额		盘点结果	
面值	数量	金额	项目	金额	溢余	短缺
100 元	15	1 500	账面余额	3 040	40	
50 元	29	1 450	加：收入未记账	0	**盘点结果要点说明**	
20 元	3	60	减：支出未记账	0	1. 盘点时间：2014.12.26 下午 5:10	
10 元	4	40	调整后现金余额	3 040	2. 总账与库存现金日记账余额核对相符	
5 元	4	20	**处理决定**		3. 原始凭证与记账凭证核对相符；记账凭证与现金日记账核对相符	
2 元			上述现金溢余为应支付给员工黄燕的报销费用，应立即支付			
1 元	10	10			4. 库存现金溢余 40 元	
5 角					5. 责成出纳细查	
2 角			长沙大通体育用品有限公司财务专用章			
1 角						
5 分						
2 分						
1 分			2014 年 12 月 29 日			
合计		3 080				

总经理：万军　　　盘点人：刘婷　　　监盘人：张茉莉　　　出纳：王思思

付款凭证

贷方：库存现金　　　　　　2014 年 12 月 29 日　　　　　　付字第 06 号

摘要	借方科目		金额											记账
	总账科目	明细科目	亿	千	百	十	万	千	百	十	元	角	分	
支付黄燕报销费用	其他应付款	黄燕							4	0	0	0	0	
合计金额								¥	4	0	0	0	0	√

附原始凭证 1 张

会计主管：张茉莉　　记账：刘婷　　出纳：王思思　　审核：张茉莉　　制单：刘婷

图 6-40 库存现金付款记账凭证

能力训练

1. 单项选择题

（1）对库存现金清查采用的方法是（　　　）。

　　A. 实地盘点法　　　B. 估算法　　　C. 推算法　　　D. 抽样盘点法

（2）现金盘点中发现短缺，在查明原因前，应当（　　　）。

　　A. 借记"待处理财产损溢"　　　　　　B. 贷记"待处理财产损溢"

　　C. 借记"库存现金"　　　　　　　　　D. 借记"管理费用"

（3）现金盘点中发现溢余，在查明原因前，应当（　　）。

    A．借记"待处理财产损溢"　　　　　B．贷记"待处理财产损溢"

    C．贷记"库存现金"　　　　　　　　D．贷记"营业外收入"

（4）现金短缺属于无法查明原因的，经批准后记入（　　）账户借方。

    A．财务费用　　　　B．管理费用　　　　C．营业外支出　　D．营业外收入

（5）现金溢余属于无法查明原因的，经批准后记入（　　）账户贷方。

    A．财务费用　　　　B．管理费用　　　　C．营业外支出　　D．营业外收入

（6）库存现金清查中发现的确实无法查明原因的长款，应贷记（　　）账户。

    A．盈余公积　　　　　　　　　　　B．管理费用

    C．其他业务收入　　　　　　　　　D．营业外收入

（7）对现金进行盘点时，盘点结果应编制的原始凭证是（　　）。

    A．盘存单　　　　　　　　　　　　B．账存实存对比表

    C．库存现金盘点报告单　　　　　　D．银行对账单

（8）"库存现金盘点报告单"应由（　　）签章方能生效。

    A．经理和出纳　　　　　　　　　　B．会计和盘点人员

    C．盘点人、兼盘人和出纳　　　　　D．会计和出纳

（9）某企业进行现金清查时，发现现金实有数比账面余额多100元。经反复核查，长款原因不明，以下正确的处理方法是（　　）。

    A．归出纳员个人所有　　　　　　　B．冲减管理费用

    C．确认为其他业务收入　　　　　　D．确认为营业外收入

（10）单位的库存现金不准以个人名义存入银行，属于（　　）。

    A．现金开支审批制度　　　　　　　B．现金清查制度

    C．现金保管制度　　　　　　　　　D．钱账分管制度

2．多项选择题

（1）库存现金清查盘点，（　　）应该在场。

    A．出纳人员　　　　B．盘点人员　　　　C．监盘人员　　　　D．总经理

（2）现金短缺根据批复意见，可能记入（　　）账户。

    A．其他应收款　　　B．库存现金　　　　C．营业外支出　　D．管理费用

（3）现金溢余根据批复意见，可能记入（　　）账户。

    A．其他应付款　　　　　　　　　　B．其他业务收入

    C．主营业务收入　　　　　　　　　D．营业外收入

（4）库存现金清查的内容主要包括（　　）。

    A．是否有未达账项　　　　　　　　B．是否有白条抵账

    C．是否超限额存现金　　　　　　　D．是否坐支

（5）下列有关企业进行库存现金盘点清查时的做法，正确的是（　　）。

    A．库存现金的清查方法采用实地盘点法

    B．在盘点库存现金时，出纳人员必须在场

    C．经领导批准，借条、借据可以抵充现金

    D．现金盘点报告表需由盘点人员和出纳人员共同签章方能生效

3．判断题

（1）现金清查时出纳人员不得在场，应回避。　　　　　　　　　　（　　　）

（2）现金清查时，如库存现金日记账账面余额和库存现金实有数额不符，应填写"库存现金盘点报告单"，并据以调整库存现金日记账的账面记录。　　　　（　　　）

（3）"库存现金盘点报告单"上只需要盘点人员和会计签章，不需要出纳签章也能生效。　　　　　　　　　　　　　　　　　　　　　　　（　　　）

（4）对库存现金清查可以采用倒挤法。　　　　　　　　　　　　　（　　　）

（5）企业对库存现金盘点通常实施定期清查。　　　　　　　　　　（　　　）

4．综合实训题

2015 年 1 月 28 日，长沙大通体育用品有限公司财会部门"清查小组"清查库存现金，出纳王思思在场。

（1）发现短缺 25 元。经查，原因不明，1 月 30 日，经领导批复计入管理费用。

要求：编制有关库存现金业务收、付款记账凭证（见图 6-41）。

付　款　凭　证

摘　要	借方科目		金　额	记账
	总账科目	明细科目	亿 千 百 十 万 千 百 十 元 角 分	
合　计　金　额				

贷方：_____　　年　月　日　　　付字第　号

会计主管：　　记账：　　出纳：　　审核：　　制单：

收　款　凭　证

摘　要	贷方科目		金　额	记账
	总账科目	明细科目	亿 千 百 十 万 千 百 十 元 角 分	
合　计　金　额				

借方：_____　　年　月　日　　　收字第　号

会计主管：　　记账：　　出纳：　　审核：　　制单：

图 6-41　库存现金收、付款记账凭证

（2）发现溢余 25 元。经查，原因不明，1 月 30 日，经领导批复转作营业外收入。

要求：编制有关库存现金业务收、付款记账凭证（见图 6-42）。

收 款 凭 证

借方：________　　　　年　月　日　　　　收字第　　号

摘　要	贷方科目		金　额											记账
	总账科目	明细科目	亿	千	百	十	万	千	百	十	元	角	分	
合 计 金 额														

附原始凭证　张

会计主管：　　记账：　　出纳：　　审核：　　制单：

付 款 凭 证

贷方：________　　　　年　月　日　　　　付字第　　号

摘　要	借方科目		金　额											记账
	总账科目	明细科目	亿	千	百	十	万	千	百	十	元	角	分	
合 计 金 额														

附原始凭证　张

会计主管：　　记账：　　出纳：　　审核：　　制单：

图 6-42　库存现金收、付款记账凭证

5. 综合业务题

要求：长沙大通体育用品有限公司出纳王思思，依据本模块能力训练中库存现金收、付款记账凭证和提取现金的银行存款付款记账凭证，逐日逐笔序时登记 2015 年 1 月库存现金日记账（见图 6-43）。

库存现金日记账

第_____页

年		凭证		对应科目	摘　要	借方	贷方	借或贷	余额	✓
月	日	字	号							

图 6-43　库存现金日记账

模块七

银行结算业务处理

【学习目标】

1. **知识目标**：掌握银行结算办法的要求；认知各种结算凭证用途；熟知各种银行结算办法的适用范围和业务处理流程。

2. **能力目标**：能正确填写现金支票、转账支票、银行汇票、银行本票、商业汇票、信汇和电汇凭证、托收凭证等结算凭证，并能按规范流程和方法办理各种结算业务。

3. **情感目标**：培养学生与各有关业务往来单位、个人及银行等金融机构进行良好的交流沟通的能力；具有良好的职业道德和强烈的社会责任感。

【用品准备】

各种结算凭证样本、印鉴、黑色钢笔或黑色水性笔（0.5mm）。

一、银行结算账户管理

 案例导入

根据《现金管理暂行条例》的规定，长沙长盛有限责任公司除符合现金收支范围的业务外，绝大多数的业务需要通过银行进行结算，如购买原材料支付货款、销售货物收取货款、发放职工工资、申请银行贷款等。那么，银行结算账户有哪些种类？应如何开立银行结算账户？如何使用银行结算账户？

（一）银行结算账户认知

人民币银行结算账户，是指银行为存款人开立的用于办理现金存取、转账结算等资金收付活动的人民币活期存款账户。这里的"存款人"是指在中国境内开立银行结算账户的单位和个人。"银行"是指在中国境内经中国人民银行批准经营支付结算业务的银行业金融机构，如政策性银行、商业银行（含外资独资银行、中外合资银行、外国银行分行）、城市信用合作社、农村信用合作社。

1．银行结算账户的特点

（1）办理人民币业务。这与外币存款账户不同，外币存款账户办理的是外币业务，其开立和使用要遵守国家外汇管理局的有关规定。

（2）办理资金收付结算业务。这是与储蓄账户的明显区别。储蓄的基本功能是存取本金和支取利息，但是不能办理资金的收付。

（3）银行结算账户是活期存款账户。这与单位的定期存款账户不同，单位的定期存款账户不具有结算功能。

2．银行结算账户的分类

单位开立银行结算账户，需向银行提出申请，填写开户申请书。银行结算账户按用途不同，分为基本存款账户、一般存款账户、专用存款账户和临时存款账户。

（1）基本存款账户。基本存款账户是指存款人因办理日常转账结算和现金收付需要开立的银行结算账户。基本存款账户是存款人的主办账户。单位只能在银行开立一个基本存款账户。其他银行结算账户的开立必须以基本存款账户的开立为前提。基本存款账户主要用于存款人日常经营活动的资金收付，以及存款人的工资、奖金和现金的支取。

（2）一般存款账户。一般存款账户是指存款人因借款或其他结算需要，在基本存款账户开户银行以外的银行营业机构开立的银行结算账户。开立基本存款账户的存款人都可以开立一般存款账户。存款人开立一般存款账户没有数量限制。一般存款账户用于办理存款人借款转存、借款归还和其他结算的资金收付。该账户可以办理现金缴存，但不得办理现金支取。

（3）专用存款账户。专用存款账户是指存款人按照法律、行政法规和规章，对其特定用途的资金进行专项管理和使用而开立的银行结算账户。该类账户主要用于办理各项专用资金的收付，支取现金应按照有关具体规定办理。

（4）临时存款账户。临时存款账户是指存款人因临时需要并在规定期限内使用而开立的银行结算账户。单位发生设立临时机构、异地临时经营活动及注册验资等情况时，可申请开立临时存款账户。此类账户支取现金，应按照国家现金管理的规定办理。临时存款账户实行有效管理，有效期最长不得超过2年。

（二）银行结算账户开立与使用

1．银行结算账户的开立

（1）存款人应在注册地或住所地开立银行结算账户，符合异地（跨省、市、县）开户条件的，也可以在异地开立银行结算账户。开立银行结算账户应遵循存款人自主原则，除国家法律、行政法规和国务院规定外，任何单位和个人不得强令存款人到指定银行开立银行结算账户。

（2）存款人申请开立银行结算账户时，应填制开立银行结算账户申请书，开立单位银行结算账户时，应填写"开立单位银行结算账户申请书"，并加盖单位公章。申请开立个人银行结算账户时，存款人应填写"开立个人银行结算账户申请书"，并加其个人签章。

（3）银行应对存款人的开户申请书填写的事项和相关证明文件的真实性、完整性、合规性进行认真审查。开户申请书填写的事项齐全，符合开立核准类账户条件的，银行应将存款人的开户申请书、相关的证明文件和银行审核意见等开户资料报送中国人民银行当地分支行，经其核准后办理开户手续。

（4）需要中国人民银行核准的账户包括基本存款账户、临时存款账户（因注册验资和增资验资开立的除外）、预算单位专用存款账户和合格境外机构投资者在境内从事证券投资开立的人民币特殊账户和人民币结算资金账户（简称 QFII 专用存款账户）。符合开立一般存款账户、其他专用存款账户和个人银行结算账户条件的，银行应办理开户手续，并于开户之日起 5 个工作日内向中国人民银行当地分支行备案。

（5）存款人开立单位银行结算账户，自正式开立之日起 3 个工作日后，方可使用该账户办理付款业务。但注册验资的临时存款账户转为基本存款账户和因借款转存开立的一般存款账户除外。对于核准类银行结算账户，"正式开立之日"为中国人民 银行当地分支行的核准日期；对于非核准类银行结算账户，"正式开立之日"为开户银行为存款人办理开户手续的日期。

2．银行结算账户的变更

变更是指存款人的账户信息资料发生变化或改变。根据账户管理的要求，存款人变更账户名称、单位的法定代表人或主要负责人、地址等其他开户资料后，应及时向开户银行办理变更手续，填写变更银行结算账户申请书。属于申请变更单位银行结算账户的，应加盖单位公章；属于申请变更个人银行结算账户的，应加其个人签章。

存款人更改名称，但不改变开户银行及账号的，应于 5 个工作日内向开户银行提出银行结算账户的变更申请，并出具有关部门的证明文件。

单位的法定代表人或主要负责人、住址以及其他开户资料发生变更时，应于 5 个工作日内书面通知开户银行并提供有关证明。

属于变更开户许可证记载事项的，存款人办理变更手续时，应交回开户许可证，由中国人民银行当地分支行换发新的开户许可证。

3．银行结算账户的撤销

撤销是指存款人因开户资格或其他原因终止银行结算账户使用的行为。有下列情形之一的，存款人应向开户银行提出撤销银行结算账户的申请：

（1）被撤并、解散、宣告破产或关闭的；

（2）注销、被吊销营业执照的；

（3）因迁址需要变更开户银行的；

（4）其他原因需要撤销银行结算账户的。

存款人申请撤销银行结算账户时，应填写撤销银行结算账户申请书。属于申请撤销单位银行结算账户的，应加盖单位公章；属于申请撤销个人银行结算账户的，应加其个人签章。银行在收到存款人撤销银行结算账户的申请后，对于符合销户条件的，应在 2 个工作日内办理撤销手续。存款人撤销银行结算账户，必须与开户银行核对银行结算账户存款余额，交回各种重要空白票据及结算凭证和开户许可证，银行核对无误后方可办理销户手续。

（三）银行印鉴启用

存款人在银行开立上述各类结算账户，必须在银行填写印鉴卡片，并预留银行印鉴。

预留银行印鉴，是存款人与银行事先约定的一种付款的法律依据。单位开立账户在银行预留的印鉴，一般为财务专业章（或单位公章）和法人代表（或者是其授权的一个人）名字的印章（俗称"小印"）。银行预留印鉴图例如图 7-1 所示。印鉴要盖在一张卡片纸上，留在银行。当单位需要通过银行对外支付时，应先填写相关的银行对外支付申请书，这些申请书必须加盖上述印鉴。银行在为单位办理结算业务时，应核对印鉴卡片上预留的印鉴，确认对外支付申请上的印鉴与预留印鉴相符，方可代单位进行支付，否则银行就不能办理付款，以保障开户单位的存款安全。

图 7-1　公司预留印鉴示例

单位如遗失预留公章或财务专用章的，应向开户银行出具书面申请、开户许可证、营业执照等相关证明文件；更换预留公章或财务专用章时，应向开户银行出具书面申请、原预留公章或财务专用章等相关证明文件。个人遗失或更换预留个人印章或更换签字人时，应向开户银行出具经签名确认的书面申请，以及原预留印章或签字人的个人身份证件。

（四）典型任务举例

长沙亮亮有限公司因业务发展的需要，于 2015 年 1 月向中国工商银行长沙市圭白路支行申请借款，并开立一般存款账户，借款合同（略）。长沙亮亮有限责任公司基本情况如下。

企业名称：长沙亮亮有限责任公司

地址：长沙市圭白路 176 号

法人代表：李海天

身份证号：330101197403221121

注册资金：100 万元

企业类型：有限责任公司（增值税一般纳税人）

经营范围：机械制造，厨房家用电器

联系电话：0731-89764345

开户银行及账号：中国建设银行圭白路支行　600045323109012

纳税人识别号：430101763294748

主要会计岗位及人员：张怡（财务负责人）、黄莉（记账员）、刘晶（审核员）、李伟（制单及会计）、宋丽（出纳员）

企业法人营业执照编号：6122332234978

组织机构代码：774434545-1

地区代码为：301001

要求：出纳人员填写开立单位银行结算账户申请书（见表 7-1）。

表 7-1　　　　　　　　开立单位银行结算账户申请书（样张）

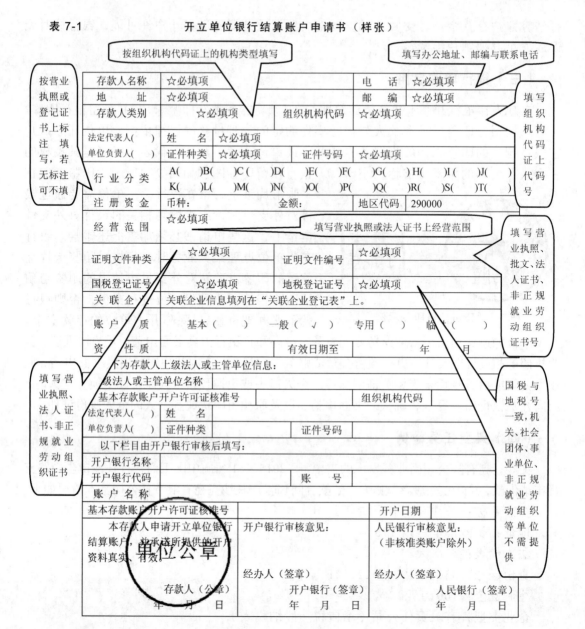

填写说明：

1. 申请开立临时存款账户，必须填列有效日期；申请开立专用存款账户，必须填列资金性质。

2. "行业分类"中各字母代表的行业种类如下：A：农、林、牧、渔业；B：采矿业；C：制造业；D：电力、燃气及水的生产供应业；E：建筑业；F：交通运输、仓库和邮政业；G：信息传输、计算机服务及软件业；H：批发和零售业；I：住宿和餐饮业；J：金融业；K：房地产业；L：租赁和商务服务业；M：科学研究、技术服务和地质勘查业；N：水利、环境和公共设施管理；O：居民服务和其他服务业；P：教育业；Q：卫生、社会保障和社会福利业；R：文化、教育和娱乐业；S：公共管理和社会组织；T：其他行业。

3. 带括号的选项填 "√"。

4. 申请开立核准类账户，填写本表一式三联，三联申请书由开户银行报送人民银行上海分行，加盖审核章后，一联开户单位留存，一联开户银行留存，一联中国人民银行上海分行留存；申请开立备案类账户，填写本表一式两联，一联存款人留存，一联开户银行留存。

能力训练

1. 单项选择题

（1）单位银行结算账户的存款人可以在银行开立（　　　）基本存款账户。

  A．1 个   B．3 个   C．10 个   D．没有数量限制

（2）开户银行对已开户一年但未发生任何业务的账户，应通知存款人自发出通知（　　　）日内到开户银行办理销户手续。

  A．15   B．20   C．30   D．60

（3）一般存款账户的存款人，不能通过该账户办理（　　　）。

  A．现金支取 B．现金缴存   C．转账结算   D．借款转存

（4）下列情形不可以开立临时存款账户的是（　　　）。

  A．设立临时机构   B．异地临时经营活动

  C．期货交易保证金   D．注册验资

（5）存款人因附属的非独立核算单位或派出机构发生的收入汇缴或业务支出需要，可以开立（　　　）。

  A．专用存款账户   B．临时存款账户

  C．一般存款账户   D．基本存款账户

（6）根据中国人民银行结算账户管理办法的有关规定，对下列资金的管理和使用，存款人可以申请开立专用存款账户的是（　　　）。

  A．基本建设资金   B．注册验资

  C．向银行借款   D．支取奖金

2. 多项选择题

（1）下列属于基本存款账户使用范围的为（　　　）。

  A．资金收付   B．现金支取

  C．工资、奖金的发放   D．存入现金

（2）根据支付结算法律制度的规定，下列情形中，可以申请开立异地的是（　　　）。

  A．营业执照注册地与经营地不在同一行政区域需要开立基本存款账户的

  B．办理异地借款需要开立一般存款账户的

  C．存款人因附属的非独立核算单位发生的收入汇缴或业务支出需开立专用存款账户的

  D．异地临时经营活动需要开立临时存款账户的银行结算账户的

（3）根据规定，下列关于单位卡的表述中，正确的有（　　　）。

  A．单位卡账户的资金应从其基本存款账户中转账存入，不得交存现金

  B．单位卡续存资金时可以交存销货收取的现金

  C．销户时，单位卡账户余额转入其基本存款账户

  D．单位卡一律不准支取现金

3. 判断题

（1）银行结算账户是指银行为存款人开立的办理资金收付的活期存款账户和定期

存款账户。 （　　）

（2）一般存款账户，是指存款人因借款或其他结算需要，在基本存款账户开户银行内其他营业机构开立的银行结算账户。 （　　）

4. 业务题

根据"（四）典型任务举例"中"长沙亮亮有限责任公司基本情况"资料，以出纳员宋丽的身份填写开立单位银行结算账户申请书（见表7-2）。

表7-2　　　　　　　　　　开立单位银行结算账户申请书

存款人名称					电　话		
地　　址					邮　编		
存款人类别			组织机构代码				
法定代表人（　）	姓　名						
单位负责人（　）	证件种类			证件号码			
行业分类	A（　）B（　）C（　）D（　）E（　）F（　）G（　） H（　）I（　）J（　）K（　）L（　）M（　）N（　）O（　） P（　）Q（　）R（　）S（　）T（　）						
注册资金	币种：		金额：		地区代码	290000	
经营范围							
证明文件种类			证明文件编号				
国税登记证号			地税登记证号				
关联企业	关联企业信息填列在"关联企业登记表"上						
账户性质	基本（　）		一般（　）	专用（　）	临时（　）		
资金性质			有效日期至		年　　　月　　　日		

以下为存款人上级法人或主管单位信息：

上级法人或主管单位名称			
基本存款账户开户许可证核准号		组织机构代码	
法定代表人（　） 单位负责人（　）	姓　名		
	证件种类		
	证件号码		

以下栏目由开户银行审核后填写：

开户银行名称			
开户银行代码		账　　号	
账 户 名 称			
基本存款账户开户许可证核准号		开户日期	
本存款人申请开立单位银行结算账户，并承诺所提供的开户资料真实、有效。 　　　　　　存款人（公章） 　　　　　　　年　月　日	开户银行审核意见： 经办人（签章） 　开户银行（签章） 　年　月　日	人民银行审核意见： （非核准类账户除外） 经办人（签章） 　　人民银行（签章） 　年　月　日	

填写说明：

1. 申请开立临时存款账户，必须填列有效日期；申请开立专用存款账户，必须填列资金性质。

2. "行业分类"中各字母代表的行业种类如下：A：农、林、牧、渔业；B：采矿业；C：制造业；D：电力、燃气及水的生产供应业；E：建筑业；F：交通运输、仓库和邮政业；G：信息传输、计算机服务及软件业；H：批发和零售业；I：住宿和餐饮业；J：金融业；K：房地产业；L：租赁和商务服务业；M：科学研究、技术服务和地质勘查业；N：水利、环境和公共设施管理；O：居民服务和其他服务业；P：教育业；Q：卫生、社会保障和社会福利业；R：文化、教育和娱乐业；S：公共管理和社会组织；T：其他行业。

3. 带括号的选项填"√"。

4. 申请开立核准类账户，填写本表一式三联，三联申请书由开户银行报送人民银行上海分行，加盖审核章后，一联开户单位留存，一联开户银行留存，一联中国人民银行上海分行留存；申请开立备案类账户，填写本表一式两联，一联存款人留存，一联开户银行留存。

二、支票业务办理

案例导入

2015 年 1 月 5 日，出纳员宋丽需要办理以下几笔业务：

（1）需从银行提取现金 10 000 元备用；

（2）公司销售一批产品，开具增值税专用发票，发票上注明价款是 100 000 元，增值税是 17 000 元，当日收到购货方签发的一张面额为 117 000 元的转账支票；

（3）采购部张青持增值税专用发票请求向供货商付款，该业务已经会计主管张怡签字并指示用转账支票付款，价税合计金额 5 850 元。

| 思 　考 |

宋丽应如何办理上述业务？

（一）支票认知

1. 概念

支票，是出票人签发的、委托办理支票业务的银行在见票时无条件支付确定的金额给收款人或者持票人的票据。支票的基本当事人包括出票人、付款人和收款人。出票人即存款人，是在批准办理支票业务的银行机构开立可以使用支票的存款账户的单位和个人；付款人是出票人的开户银行；持票人是票面上填明的收款人，也可以是经背书转让的被背书人。

2. 种类与格式

支票分为现金支票、转账支票和普通支票 3 种。支票上印有"现金"字样的为现金支票，现金支票样式如图 7-2 和图 7-3 所示，现金支票只能用于支取现金。

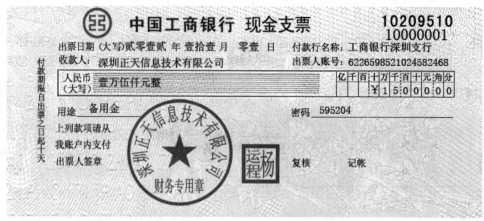

图 7-2　现金支票正面

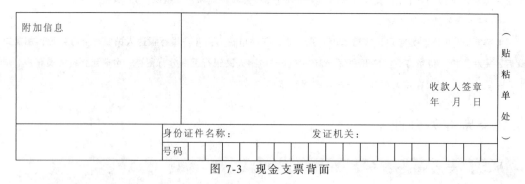

图 7-3　现金支票背面

支票上印有"转账"字样的为转账支票，转账支票样式如图 7-4 和图 7-5 所示，转账支票只能用于转账。

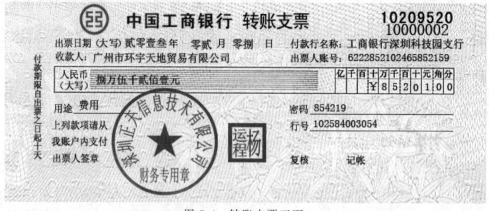

图 7-4　转账支票正面

附加信息	被背书人	（贴粘单处）
	收款人签章 年　月　日	

图 7-5　转账支票背面

支票上未印有"现金"或"转账"字样的为普通支票，普通支票样式如图 7-6 和图 7-7 所示，普通支票既可以用于支取现金，也可以用于转账。

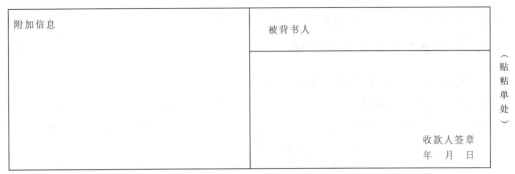

图 7-6　普通支票正面

附加信息：	被背书人	（贴粘单处）
身份证件名称： 发证机关	收款人签章 年　月　日	
号码		

图 7-7　普通支票背面

3．适用范围与有效期

（1）单位和个人在同一票据交换区域的各种款项结算，均可以使用支票，包括因购买商品、接受劳务供应、清偿债务等发生的各种费用支出。

（2）由于支票是代替现金的即期支付工具，所以其有效期较短。我国《票据法》规定：支票的持票人应当自出票日起十日内提示付款；异地使用的支票，其提示付款的期限由中国人民银行另行规定。超过提示付款期限的，付款人可以不予付款；付款人不予付款的，出票人仍应当对持票人承担票据责任。

（二）现金支票业务处理程序

1. 领购支票及开具现金支票提取现金

典型任务举例：2013 年 3 月 20 日，临淄市图博智能工程有限公司（中国农业银行临淄支行）向其开户银行购买一本现金支票，当日，临淄市图博智能工程有限公司签发了一张金额为 50 000.00 元的现金支票并从其开户银行提取备用金。

（1）企业领购支票。存款人向开户银行领购支票时，应由出纳人员填写空白支票领购单，应在领购单上加盖预留银行印鉴，送交银行办理，填写格式如图 7-8 所示。

图 7-8　支票领购单

（2）银行审核。经过银行核对印鉴无误后，发给申请企业空白支票，按规定收取工本费和手续费，并在支票登记簿上注明领用日期、领用单位、支票起讫号码等信息，以备查对。同时，在空白支票领购单上填列领购凭证的起止号码，并将银行收取的手续费回单交于领购人。

（3）企业领取空白支票。银行出售的空白支票均要加盖银行名称和签发人账户，按照规定，每个账户一次只能购买一本支票，业务量大的可以适当放宽。企业因撤销、合并或其他原因注销账号时，应将剩余的空白支票交回银行注销。

（4）签发现金支票。开户单位用现金支票提取现金时，由单位出纳人员签发现金支票并加盖银行预留印鉴。现金支票填制格式如图 7-9 所示。

图 7-9　现金支票填写票样

（5）企业收款人进行兑付。兑付活动由企业和银行双方共同完成，企业收款人在票据背面收款人处签章后，提交到银行付款人处理，银行付款人对支票进行兑付审核，审核无误后完成付款。

2. 使用现金支票结算

开户银行用现金支票向外单位或个人支付现金时，由付款单位出纳人员签发现金支票并由相关印鉴保管人加盖银行预留印鉴后交收款人，收款人持现金支票到银行提取现金，并按照银行的要求交验相关证件。

（三）转账支票付款业务办理

转账支票付款业务可采用正送和倒送两种形式进行办理。下面分别介绍支票正送情况和倒送情况下付款业务办理的工作过程及操作要求。

1. 支票正送情况下转账支票付款业务办理

转账支票正送是指由付款方出纳人员签发支票交给收款单位，由收款方出纳人员送至收款人开户银行办理转账结算的支票结算方式。其办理流程如图 7-10 所示。

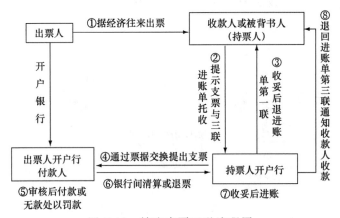

图 7-10　转账支票正送流程图

【例 7-1】深圳市典尔信息技术有限公司（中国工商银行深圳支行）向其开户银行购买一本转账支票。深圳市典尔信息技术有限公司需要购进原材料，派采购员前往深圳市文莱科技有限公司采购。经过洽谈，深圳市典尔信息技术有限公司购买了 75 000 个电芯，总价为 98 000.00 元，两天后材料送到，2013 年 3 月 20 日验货后，深圳市典尔信息技术有限公司签发了一张中国工商银行深圳支行的金额为 98 000.00 元的转账支票，交付给深圳市文莱科技有限公司。

业务处理流程如下。

（1）付款方出纳人员按应支付的款项签发转账支票，由本单位印章保管人员对支票审核无误后在支票正面加盖银行预留印鉴。转账支票填制格式如图 7-11 所示。

（2）出纳将转账支票的存根撕下，连同购货发票等传递给会计制单人员进行账务处理并审核。

（3）出纳对付款凭证进行再审核，然后将转账支票的正联交给收款人，在购货发票上加盖"付讫"章，并登记支票签发登记簿，完成付款业务。

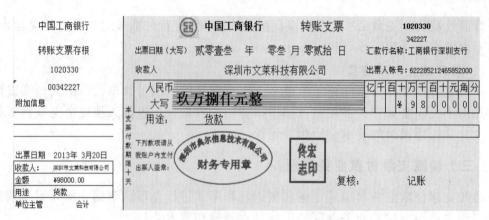

图 7-11　转账支票正面填制格式票样

2. 支票倒送情况下转账支票付款业务办理

转账支票倒送是指由付款方出纳人员签发支票并由付款方出纳人员送至付款人开户银行办理转账结算的支票结算方式。其办理流程如图 7-12 所示。

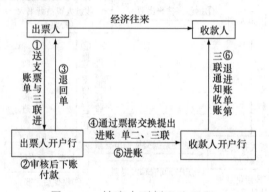

图 7-12　转账支票倒送流程图

【例 7-2】仍以上述深圳市典尔信息技术有限公司为例。深圳市典尔信息技术有限公司签发了一张中国工商银行深圳支行的金额为 98 000.00 元的转账支票，但未交付给深圳市文莱科技有限公司，而是委托本单位开户银行将款项划拨给收款人。

业务处理流程如下。

（1）付款方出纳人员按应支付的款项签发转账支票，由本单位印章保管人员对支票审核无误后在支票正面、背面加盖银行预留印鉴。

与正送情况下不同的是，除在支票正面加盖银行预留印鉴外（见图 7-11），还需在支票背面"背书人签章处"加盖预留印鉴，并填写日期。支票背面填制格式如图 7-13所示。

（2）出纳将转账支票的存根撕下，连同购货发票等传递给会计制单人员进行账务处理并审核。

（3）出纳对付款凭证进行再审核，无误后根据支票填制一式三联的"进账单"，将进账单和支票正联送交本单位开户银行提示付款。一式三联进账单填制格式如图7-14、图 7-15、图 7-16 所示。

附加信息：	被背书人	
	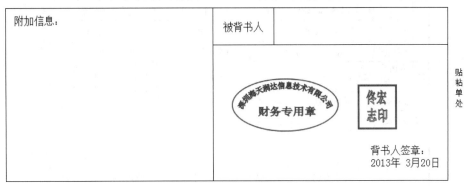	贴粘单处
	背书人签章： 2013年 3月20日	

图 7-13　转账支票背面填制格式票样

中国工商银行　进账单（回单）1

2013 年 3 月 20 日

出票人	全　称	深圳市典尔信息技术有限公司	收款人	全　称	深圳市文莱科技有限公司											此联是开户银行交给持票人的回单
	账　号	622285212465852000		账　号	622285212465852000											
	开户银行	工商银行深圳支行		开户银行	工商银行南大支行											
金额	人民币 （大写）	玖万捌仟元整				亿	千	百	十	万	千	百	十	元	角	分
									¥	9	8	0	0	0	0	0
票据种类	转账支票	票据张数	1		中国工商银行深圳支行 2013.03.20 业务受理章											
票据号码		342227													
复　核		记账		开户银行签章											

图 7-14　进账单回单联（第一联）票样

中国工商银行　进账单（贷方凭证）2

2013 年 3 月 20 日

出票人	全　称	深圳市典尔信息技术有限公司	收款人	全　称	深圳市文莱科技有限公司											此联由收款人开户银行作贷方凭证
	账　号	622285212465852000		账　号	622285212465852000											
	开户银行	工商银行深圳支行		开户银行	工商银行南大支行											
金额	人民币 （大写）	玖万捌仟元整				亿	千	百	十	万	千	百	十	元	角	分
									¥	9	8	0	0	0	0	0
票据种类	转账支票	票据张数	1													
票据号码		342227													
备注：															
					复核		记账									

图 7-15　进账单贷方凭证联（第二联）票样

中国工商银行 进账单（收账通知）**3**

2013 年 3 月 20 日

出票人	全 称	深圳市典尔信息技术有限公司	收款人	全 称	深圳市文莱科技有限公司
	账 号	622285212465852000		账 号	622285212465852000
	开户银行	工商银行深圳支行		开户银行	工商银行南大支行

| 金额 | 人民币
（大写） | 玖万捌仟元整 | 亿 千 百 十 万 千 百 十 元 角 分
¥ 9 8 0 0 0 0 0 |

| 票据种类 | 转账支票 | 票据张数 | 1 |
| 票据号码 | 342227 | | |

中国工商银行
南大支行
2013.03.20
转讫
（01）

收款人开户银行签章

| | 复核 | 记账 | |

此联是收款人开户银行交给收款人的收账通知

图 7-16　进账单收账通知联（第三联）票样

（4）开户银行审核无误后，在进账单第一联签章并退回单位，出纳再在购货发票上加盖"付讫"章，并登记支票签发登记簿，完成付款业务。

（四）转账支票收款业务办理

作为转账支票的收款方，在办理收款业务时也需区分支票正送情况和倒送情况。当然，转账支票收款业务的办理其实就是付款业务的延续，业务办理的流程是连贯的，只是操作角色的变换。

1. 支票正送情况下转账支票收款业务办理

【例 7-3】仍以深圳市典尔信息技术有限公司与深圳市文莱科技有限公司的交易为例。2013 年 3 月 20 日，典尔信息技术有限公司签发了一张中国工商银行深圳支行的金额为 98 000.00 元的转账支票，交付给深圳市文莱科技有限公司。深圳市文莱科技有限公司收到转账支票办理转账结算，收取款项。

业务办理流程如下。

（1）收款方出纳人员收到已审核的销货发票和转账支票（见图 7-11），进行再审核。

（2）审核无误后，出纳应在支票背面作委托收款背书，在支票背面"背书人签章"栏签章，记载"委托收款"字样及背书日期，在"被背书人"栏记载收款人开户银行名称，委托本单位开户银行收款。转账支票背面填制格式如图 7-17 所示。

图 7-17　转账支票背面填制格式票样

（3）出纳还需要根据支票填写一式三联的进账单（见图7-14、图7-15、图7-16），然后将支票正联和填制的一式三联进账单一并交其开户银行办理转账。

2．支票倒送情况下转账支票收款业务办理

【例7-4】仍以深圳市典尔信息技术有限公司与深圳市文莱科技有限公司的交易为例。2013年3月20日，典尔信息技术有限公司签发了一张中国工商银行深圳支行的金额为98 000.00元的转账支票，并委托本单位开户银行将款项划拨给收款人。收款人开户银行收妥款项后通知深圳市文莱科技有限公司款已到账，并取得进账单进账通知。

业务办理流程如下。

（1）收款方出纳人员收到开户银行签章后退回的进账单第三联进账通知（见图7-16），将收账通知和销货发票核对.

（2）核对无误后，将发票和进账单收账通知传递给其他会计人员进行账务处理并审核；出纳再对已审核的记账凭证再审核，无误后在销货发票上加盖"收讫"章，完成收款业务。

 能力训练

1．单项选择题

（1）某单位于2015年10月19日开出一张支票。下列有关支票日期的写法中，符合要求的是（　　　）。

    A．贰零壹伍年拾月拾玖日　　　　　　B．贰零壹伍年壹拾月壹拾玖日

    C．贰零壹伍年零壹拾月拾玖日　　　　D．贰零壹伍年零壹拾月壹拾玖日

（2）下列关于普通支票的使用范围的表述中，错误的是（　　　）。

    A．普通支票只能用于支取现金

    B．普通支票既可用于转账结算，也可用于支取现金

    C．转账支票只能用于转账

    D．现金支票只能用于支取现金

（3）下列关于支票的提示付款期限的表述中，正确的是（　　　）。

    A．出票日起10日内　　　　　　　　　B．自出票日起20日内

    C．自出票日起30日内　　　　　　　　D．自出票日起60日内

（4）银行审核支票付款的依据是支票出票人的（　　　）。

    A．支付密码　　　　B．身份证　　　　C．支票存根　　　　D．预留银行签章

2．业务题

（1）2015年1月5日，华盛实业股份有限公司签发现金支票，提取备用金3 000.00元。请以出纳的身份填写现金支票（见图7-18）。

（2）2013年5月9日，华盛实业股份有限公司收到北京智成软件有限公司签发的转账支票（见图7-19），根据资料，填制银行进账单并到开户行办理进账。

要求：出纳人员填写进账单回单联（见图7-20）。

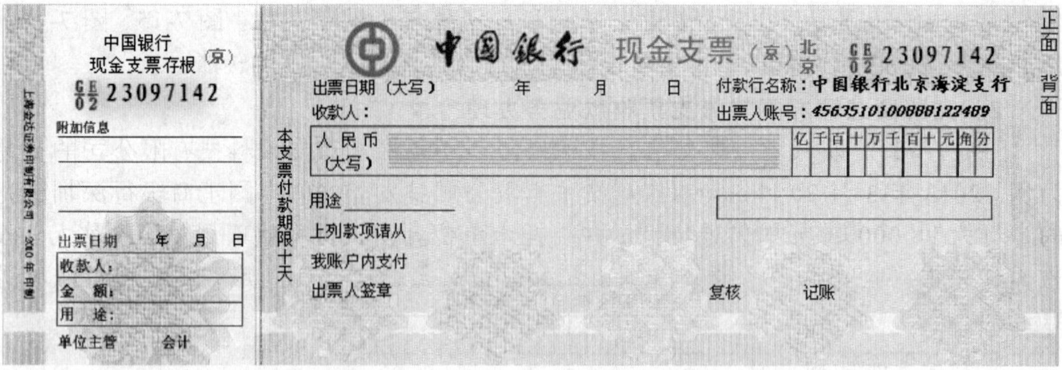

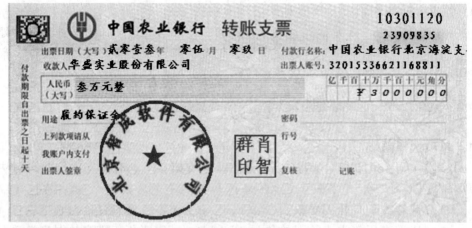

中国银行
现金支票存根（京）
GE 02 23097142
附加信息
出票日期 年 月 日
收款人：
金 额：
用 途：
单位主管 会计

中国银行 现金支票（京）北京 GE 02 23097142
正面 背面
出票日期（大写） 年 月 日 付款行名称：中国银行北京海淀支行
收款人： 出票人账号：4563510100888122489
本支票付款期限十天
人民币（大写） 亿 千 百 十 万 千 百 十 元 角 分
用途
上列款项请从
我账户内支付
出票人签章 复核 记账

图 7-18 现金支票

中国农业银行 转账支票 10301120
23909835
出票日期（大写）贰零壹叁年 零伍月 零玖日 付款行名称：中国农业银行北京海淀支
收款人华盛实业股份有限公司 出票人账号：3201533662116881l
付款期限自出票之日起十天
人民币（大写）叁万元整 亿 千 百 十 万 千 百 十 元 角 分 ¥3000000
用途 履约保证金 密码
上列款项请从 行号
我账户内支付
出票人签章 北京智成软件有限公司 群肖印智 复核 记账

图 7-19 转账支票

中国银行 进账单（回 单） 1

年 月 日

出票人	全 称		收款人	全 称	
	账 号			账 号	
	开户银行			开户银行	
金额	人民币（大写）				亿 千 百 十 万 千 百 十 元 角 分
票据种类		票据张数			
票据号码					
复核 记账			开户银行签章		

此联是开户银行交给持票人的回单

图 7-20 进账单回单联

三、银行汇票业务办理

案例导入

2015 年 5 月 6 日，采购部刘芳到湖北武汉采购材料，供货商为武汉五行股份有限公司，价税合计金额为 68 000 元，财务主管王海波要求银行汇票支付，出纳员王丽到银行办理此业务。请问：出纳人员应如何进行业务处理？销售方在收到银行汇票时如何处理？

（一）银行汇票认知

1．概念

银行汇票是出票银行签发的，由其在见票时按照实际结算金额无条件支付给收款人或持票人的票据。银行汇票可以用于转账，注明"现金"字样的银行汇票也可以用于支取现金。收款人若需要在兑付地支取现金的，汇款人在填写"银行汇票委托书"时，应在"汇款金额"大写栏，先填写"现金"字样，后填写汇款金额。

2．格式

银行汇票一式四联，第一联为卡片，此联是由签发行结清汇票时作汇出汇款借方凭证，票样格式如图 7-21 所示。

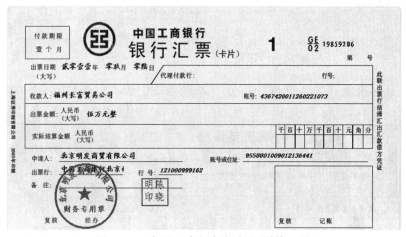

图 7-21　中国工商银行银行汇票第一联

第二联为银行汇票，与第三联解讫通知一并由汇款人自带，在兑付行兑付汇票后，此联由兑付行付款后作联行往来账借方凭证附件，票样格式如图 7-22 所示。

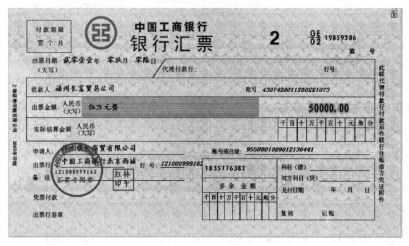

图 7-22　中国工商银行银行汇票第二联

第三联是解讫通知，此联是由兑付行兑付后随报单寄签发行，由签发行作余款贷方凭证，票样格式如图 7-23 所示。

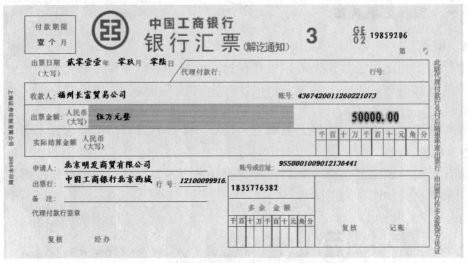

图 7-23　中国工商银行银行汇票第三联

第四联是多余款通知，此联由签发行结清后交汇款人，票样格式如图 7-24 所示。

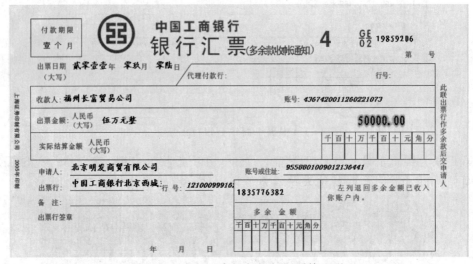

图 7-24　中国工商银行银行汇票第四联

3. 适用范围与提示付款期

银行汇票适用于异地或同城单位、个体经济户和个人之间的商品交易和劳务供应等款项的结算。凡在银行开立账户的单位、个体经营户和未在银行开立账户的个人，都可以向银行申请办理银行汇票，而且也都可以受理银行汇票。

银行汇票的提示付款期限自出票日起一个月。持票人超过付款期限提示付款的，代理付款银行不予受理。这里所说的一个月，是指从出票日开始，不论月大月小，统一到下月对应日期止的一个月。比如出票日为 3 月 5 日，则提示付款期到 4 月 5 日止。

如果到期日遇节假日可以顺延。

（二）银行汇票付款业务办理

购货单位会计人员申请签发银行汇票，填制银行汇票申请书，银行审核后退回银行汇票申请书存根联，同时银行审核签发银行汇票后交回第二联银行汇票联和第三联解讫通知联以及银行汇票手续费收费单。

下面通过北京明发商贸有限公司的典型业务介绍以银行汇票方式进行付款业务办理的工作过程。

【例 7-5】2013 年 10 月 10 日，北京明发商贸有限公司采购部按销售部门的计划决定派采购员张明去江苏苏州港后体育器材有限公司采购一批体育器材，用款额度约 20 万元。考虑到异地采购资金的安全和控制权等问题，出纳人员建议采购员持银行签发的银行汇票前往苏州采购，付款方式为转账形式。

业务处理流程如下。

1. 付款人申请签发银行汇票

由付款方出纳人员向开户银行申请办理银行汇票，面额为 200 000 元，并按要求填制银行汇票申请书，在“银行汇票申请书”上逐项写明汇款人名称和账号、收款人名称和账号、兑付地点、汇款金额、汇款用途等内容，并加盖汇款人预留银行的印鉴，申请书票样如图 7-25 所示。

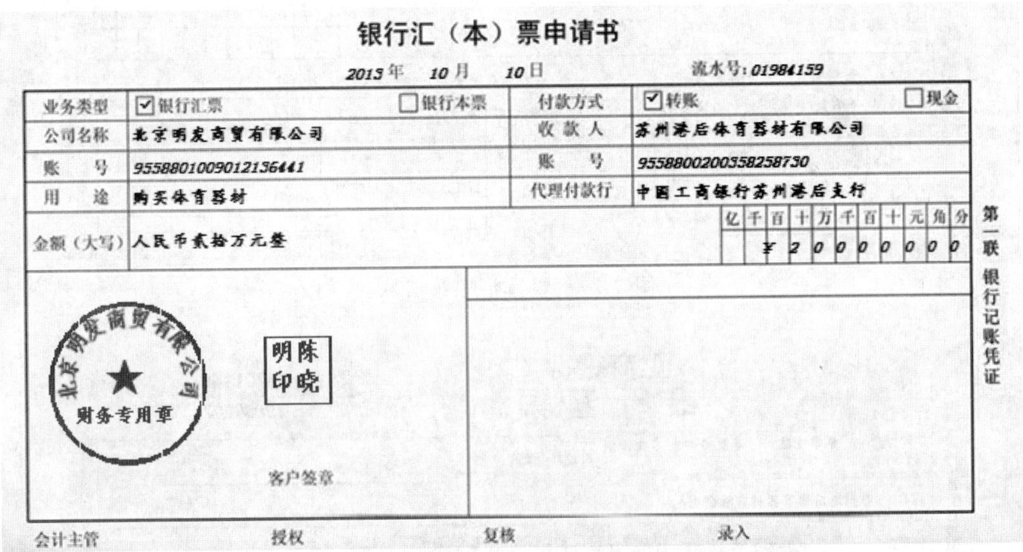

银行汇（本）票申请书

2013 年 10 月 10 日　　流水号：01984159

业务类型	☑银行汇票　☐银行本票	付款方式	☑转账　☐现金
公司名称	北京明发商贸有限公司	收款人	苏州港后体育器材有限公司
账号	9558801009012136441	账号	9558800200358258730
用途	购买体育器材	代理付款行	中国工商银行苏州港后支行
金额（大写）	人民币贰拾万元整	亿千百十万千百十元角分	¥20000000

会计主管　授权　复核　录入

图 7-25 银行汇票申请书

2. 银行签发汇票

签发银行受理银行汇票申请书，经过验对申请书内容和印鉴，并在办妥转账或收妥现金之后，即可向汇款人签发用于转账的银行汇票，签发的汇票一式四联，签发行需将银行汇票正联（第二联）和解讫通知（第三联）交申请人北京明发商贸有限公司。银行汇票的四联样式分别如图 7-26、图 7-27、图 7-28 和图 7-29 所示。

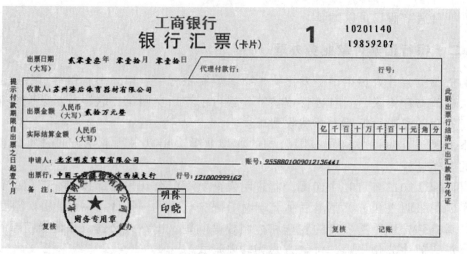

图 7-26　银行汇票第一联

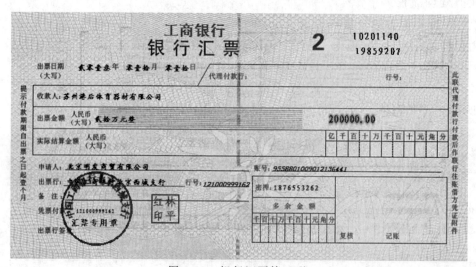

图 7-27　银行汇票第二联

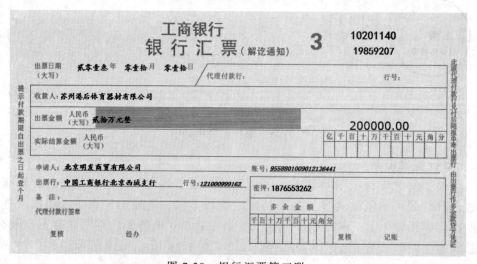

图 7-28　银行汇票第三联

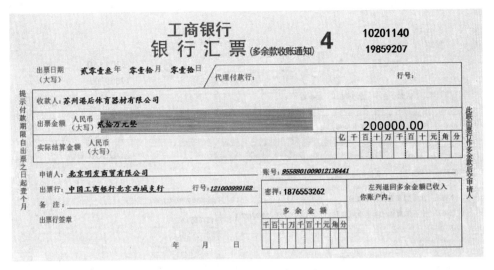

图 7-29 银行汇票第四联

3. 支付结算

北京明发商贸有限公司采购员张明持银行汇票到江苏苏州办理货物采购，采购业务办妥后将银行汇票的第二联、第三联交给苏州港后体育器材有限公司办理支付结算。

4. 填写银行汇票

业务经办人员根据采购情况填写银行汇票第二联、第三联的实际结算金额 18 万元。填制格式如图 7-30、图 7-31 所示。

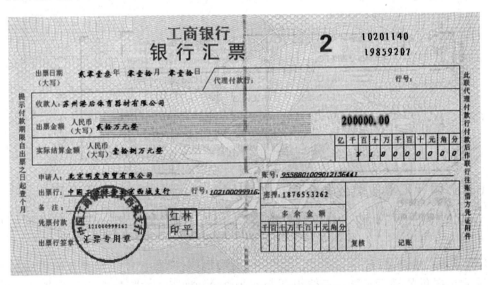

图 7-30 银行汇票第二联（实际结算时）

5. 账务处理

北京明发商贸有限公司收到开户行通知（见图 7-32），收回多余款 2 万元，会计作相应的账务处理。

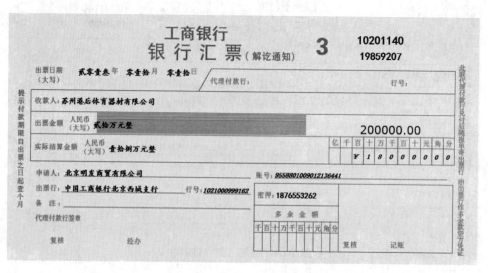

图 7-31　银行汇票第三联（实际结算时）

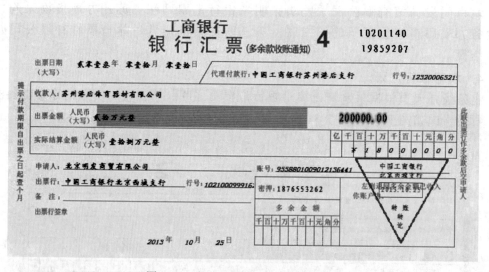

图 7-32　银行汇票多余款收账通知

（三）银行汇票收款业务办理

下面以苏州港后体育器材有限公司为例介绍以银行汇票方式进行收款业务办理的工作过程。

【例 7-6】2013 年 10 月 20 日，苏州港后体育器材有限公司收到北京明发商贸有限公司采购员提供的银行汇票。汇票出票金额为 200 000 元，实际结算金额为 180 000 元。

业务处理流程如下。

（1）收款方销售部门业务经办人员根据销售业务审核银行汇票。

（2）收款方出纳根据审核后的银行汇票，填写进账单，进账单收账通知联格式如图 7-33 所示。

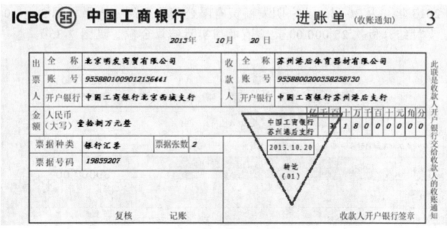

图 7-33　进账单收账通知联

能力训练

业务题

（1）2013年9月6日，北京明发商贸有限公司向开户银行申请签发金额为 50 000.00 元的银行汇票一份结清与福州长富贸易公司往来款项，付款方式为转账。公司基本信息如下。

单位名称：北京明发商贸有限公司（简称：明发商贸）

性质：有限责任公司、批发兼零售企业，增值税一般纳税人（税率 17%）

税务登记号：110270590544459

开户行：中国工商银行北京西城支行

账号：9558801009012136441

地址：北京西城区百庄西里 12 号

电话：01084226259

法定代表人：陈晓明

要求：填写银行汇票的申请书（见图 7-34）。

银行汇（本）票申请书

年　　月　　日　　　　流水号：01984158

业务类型	□银行汇票		□银行本票	付款方式	□转账							□现金	
公司名称				收款人									
账　号				账　号									
用　途				代理付款行									
金额（大写）					亿	千	百	十	万	千	百	十	元	角	分
		客户签章											

会计主管　　　　　授权　　　　　　　复核　　　　　　　录入

第一联　银行记账凭证

图 7-34　银行汇票申请书

（2）2013 年 3 月 30 日，北京明发商贸有限公司业务经办人员根据 3 月 10 签发的银行汇票支付结算货款 28 000.00 元，请填写实际结算金额（见图 7-35）。

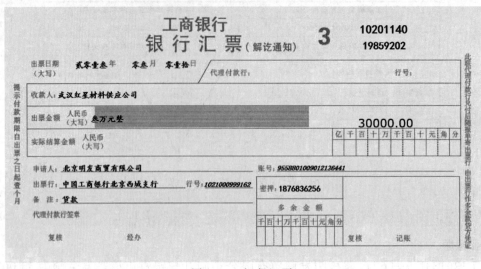

图 7-35　银行汇票

四、银行本票业务办理

案例导入

2013 年 4 月 25 日,华盛实业股份有限公司拟从北京百货批发站购进一批桌子 200 张。经询价员了解，目前此种桌椅对方报价为 250 元/张（不含税）。华盛实业股份有限公司派采购员携带银行本票去购货。此时，华盛公司会计部门应如何办理银行本票的申请业务和采购业务？假设双方均为个人，是否可以采用银行本票结算？如华盛公司在经济业务办理中是收款人，作为销售方的华盛公司会计部门在接到对方的银行本票时又应该做哪些工作？

（一）银行本票认知

1. 概念

本票是由银行签发的，承诺自己在见票时无条件支付确定的金额给收款人或持票人的票据。银行本票按其金额不同可分为不定额银行本票和定额银行本票两种。定额银行本票的面额有 1 000 元、5 000 元和 10 000 元和 50 000 元等。定额银行本票一式两联，第一联为签发银行结算本票时，作为现金付款凭证；第二联为签发银行留存，结算本票时作为现金付款凭证附件。不定额银行本票只有一联，由签发银行盖章后交申请人以办理转账结算或取现，金额起点为 100 元。

2. 格式与联次

不定额银行本票一式两联，第一联为卡片联，第二联为正联；定额银行本票一式两联，第一联为存根联，第二联为正联。不定额银行本票两联次格式分别如图 7-36、图 7-37 所示。

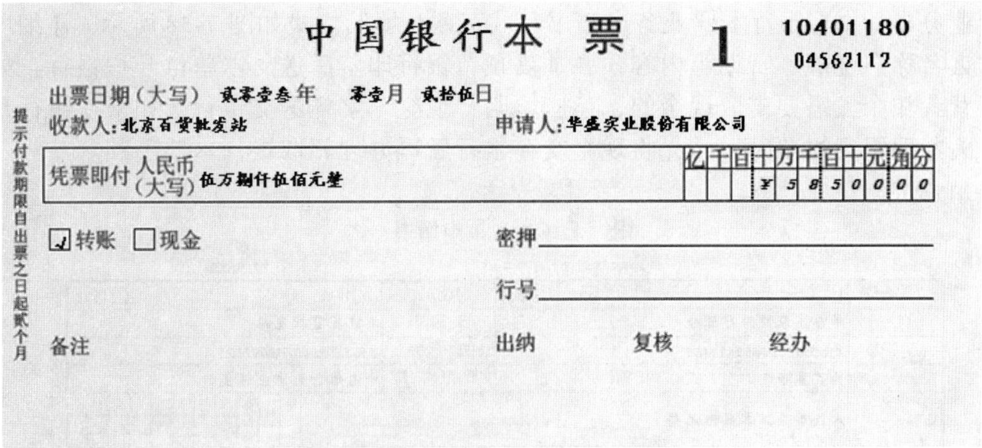

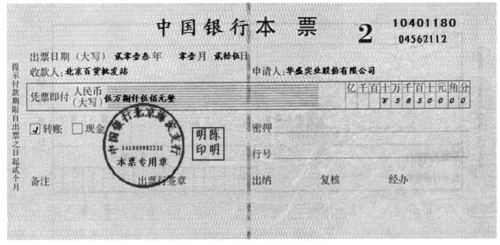

中国银行本票 1 10401180 04562112

出票日期（大写）贰零壹叁年 零壹月 贰拾伍日

收款人：北京百货批发站 申请人：华盛实业股份有限公司

凭票即付 人民币（大写）伍万捌仟伍佰元整 ￥5850000

☑转账 □现金 密押 行号

备注 出纳 复核 经办

提示付款期限自出票之日起贰个月

图 7-36 中国银行本票卡片联

中国银行本票 2 10401180 04562112

出票日期（大写）贰零壹叁年 零壹月 贰拾伍日

收款人：北京百货批发站 申请人：华盛实业股份有限公司

凭票即付 人民币（大写）伍万捌仟伍佰元整 ￥5850000

☑转账 □现金 密押 行号

备注 出票行签章 出纳 复核 经办

提示付款期限自出票之日起贰个月

图 7-37 中国银行本票正联

3. 适用范围和提示付款期

同一票据交换区域内的各种款项支付均可以使用银行本票。银行本票同城通存通兑服务，客户可就近选择银行任意一营业网点办理银行本票的签发和解付。银行本票见票即付，可以用于转账，注明“现金”字样的银行本票可以用于支取现金，但申请人或者收款人为单位的，银行不得为其签发现金银行本票。银行本票的提示付款期限自出票日起最长不得超过 2 个月。

（二）银行本票付款业务办理

【例 7-7】2013 年 4 月 25 日，华盛实业股份有限公司采购部决定派采购员张明去北京百货批发站购进桌子 200 张，单价为 250 元/张（不含税）。按合同要求采用银行本票办理结算，商品采用提货制，货物已按规定发出，但未到达，企业如数将款支付。华盛实业股份有限公司派采购员携带银行本票去购货。

业务处理流程如下。

（1）出纳人员向开户银行申请办理银行本票，面额为 58 500 元，按规定填制银行本票业务申请书。银行本票业务申请书一式三联，填制格式如图 7-38 所示。详细填明收款人名称、金额、日期等内容，并加盖预留银行印鉴后送交本单位开户银行。如个体经营者和个人需要支取现金的，还应填明"现金"字样送交银行。如未在银行开户的个人办理银行本票时，应先将现金交存银行后再办理领取银行本票手续。

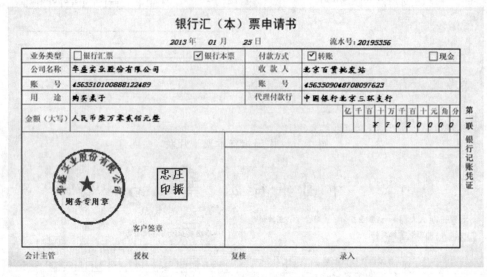

图 7-38　银行本票申请书第一联

（2）申请办理银行本票。银行受理企业递交的一式三联的银行本票业务委托书，在查证资金账户或收妥款项后，按申请额签发银行本票。如需要支取现金的，在银行本票的"现金"字样处画勾；用于转账的，在银行本票的"转账"字样处画勾，银行在本票正联加盖银行印章并用压数机压印出票金额后，将银行本票正联与加盖银行印章的业务申请书"回单联"一并交给申请人办理结算，申请人按规定缴纳银行本票申请手续费。银行本票格式如图 7-39、图 7-40 所示。

（3）会计人员根据银行收取手续费单据和退回的银行本票业务申请书回单联为依据作相应的账务处理，银行本票正联交由采购员张明前往购货方采购，在办妥有关手续后将银行本票交给北京百货批发站。

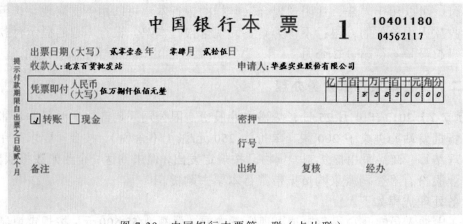

图 7-39　中国银行本票第一联（卡片联）

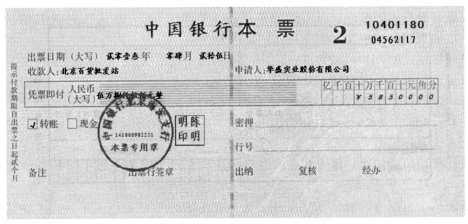

图 7-40　中国银行本票第二联（正联）

（4）会计人员根据采购业务所索取的原始凭证，作采购业务的账务处理。

（5）如果本票实际支付金额小于申请金额，收款方可采用转账支票结算方式结清多余款项，付款方出纳人员在接收到对方签发的转账支票后，填写进账单收回多付款项。

（三）银行本票收款业务办理

下面以北京百货批发站为例介绍以银行本票方式进行收款业务办理的工作过程。

【例 7-8】2013 年 4 月 30 日，北京百货批发站收到华盛实业股份有限公司采购员提供的银行本票。本票出票金额为 585 000 元，实际结算金额为 585 000 元。

业务处理流程如下。

（1）北京百货批发站出纳人员对接收到的银行本票进行审核，审核无误后填写进账单连同银行本票一起向开户银行办理进账手续。

（2）北京百货批发站会计人员根据银行转来的收账通知联作相应的账务处理。

如果银行本票实际结算金额小于出票金额，收款方出纳人员可开出一张转账支票，将多收款项退还给华盛实业公司，收款方会计人员再根据支票存根作相应的账务处理。

能力训练

1．多项选择题

银行本票的定额本票面额有（　　　）。

A．1 000 元　　　　B．5 000 元　　　　C．10 000 元　　　　D．50 000 元

2．判断题

（1）银行本票可以用于转账，也可以用于支取现金。　　　　　　　　　（　　　）

（2）银行本票的提示付款期为 1 个月。　　　　　　　　　　　　　　　（　　　）

3．业务题

（1）2013 年 2 月 2 日，华盛实业股份有限公司向北京永乐电器城购买笔记本电脑，货款以银行本票结算，付款方式为转账方式。公司基本信息如下。

单位名称：华盛实业股份有限公司

单位简称：华盛实业

性质：股份有限公司、批发兼零售企业，增值税一般纳税人（税率17%）

单位地址：北京海淀区翠微路15号

单位电话：01084061822

税务登记号：110106802215046

开户银行：中国银行北京海淀支行

账号：4563510100888122489

法人代表：庄振忠

银行预留印章为：财务专用章和法定代表人私章，财务专用章由财务经理保管，法人章由总经理保管。

要求：请根据资料填写本票申请书第一联（见图7-41）。

银行汇（本）票申请书

年　月　日　　　流水号：20195557

业务类型	□银行汇票	□银行本票	付款方式	□转账									□现金	
公司名称			收款人											
账　号			账　号											
用　途			代理付款行											
金额（大写）				亿	千	百	十	万	千	百	十	元	角	分
		客户签章												

会计主管　　　　　　授权　　　　　　　复核　　　　　　录入

图7-41　银行本票申请书第一联

（2）2013年3月27日，华盛实业股份有限公司向北京思文电器城购买中央空调2台，每台不含税单价为50 000元，价税合计共117 000元，货款以银行本票结算，付款方式为转账方式。华盛实业股份有限公司到开户行申请签发银行本票（转账）支付货款。

要求：以银行人员的身份填写银行本票正联（见图7-42）。

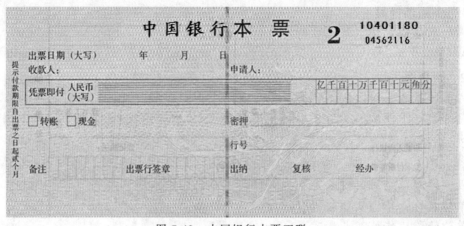

图7-42　中国银行本票正联

五、商业汇票业务办理

案例导入

2013 年 4 月 10 日，华盛实业股份有限公司出纳孙魏接到采购部小张带来的增值税专用发票联和抵扣联复印件、采购合同复印件。该增值税专用发票为北京百货批发站开出，发票上注明的价款为 50 000 元，增值税税额为 8 500 元。购销双方约定以期限为 4 个月的商业承兑汇票结算，收到商业承兑汇票后发货。请问：孙魏应该如何办理这笔业务？

（一）商业汇票认知

1. 概念

商业汇票是出票人签发的，委托付款人在指定日期无条件支付确定的金额给收款人或者持票人的票据。

2. 分类与格式

商业汇票必须承兑，按其承兑人的不同，可以分为商业承兑汇票和银行承兑汇票两种。商业承兑汇票，由银行以外的付款人承兑；银行承兑汇票，由银行承兑。所谓承兑，是指汇票的付款人愿意负担起票面金额的支付义务的行为，通俗地讲，就是它承认到期将无条件地支付汇票金额的行为。

商业承兑汇票可以由付款人签发并承兑，也可以由收款人签发交由付款人承兑。商业承兑汇票一般一式三联，第一联为"卡片"，由承兑人（付款单位）留存。办理结算时，出票人在该联"出票人签章"处加盖预留印鉴。票样格式如图 7-43 所示。

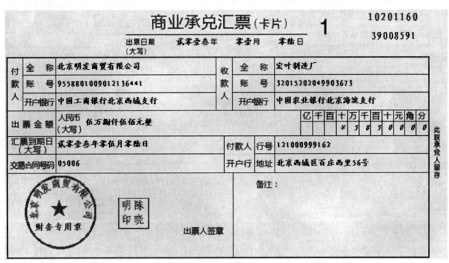

图 7-43　商业承兑汇票第一联（卡片）

第二联为商业承兑汇票正联"借方凭证"，是收款人委托银行收款的凭证，由收款人开户银行随结算凭证寄付款人开户银行反映银行存款减少的凭证。票样格式如图 7-44 所示。

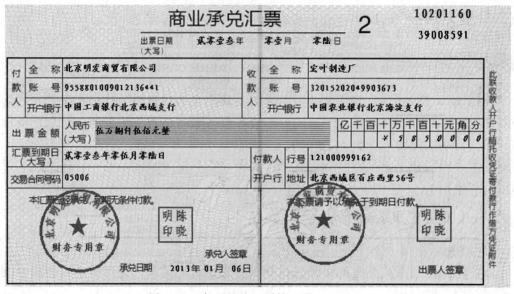

图 7-44　商业承兑汇票第二联（正联）

第三联为商业承兑汇票"存根"联，由出票人存查。票样格式如图 7-45 所示。

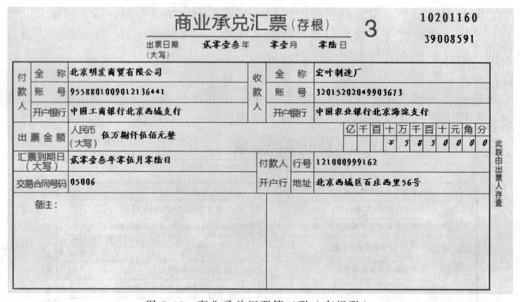

图 7-45　商业承兑汇票第三联（存根联）

银行承兑汇票是由在承兑银行开立存款账户的存款人（即付款人）签发的，由承兑银行负责承兑的商业汇票。银行承兑汇票只能由付款人签发。银行承兑汇票也是一式三联，第一联为"卡片"联，由承兑银行留查，到期支付票款时作借方凭证附件。办理结算时，出票人在该联"出票人签章"处加盖预留印鉴。票样格式如图 7-46 所示。

第二联为银行承兑汇票正联"借方凭证"，由收款人开户银行收取票款时，随报单寄给付款行，付款后作借方凭证附件。票样格式如图 7-47 所示。

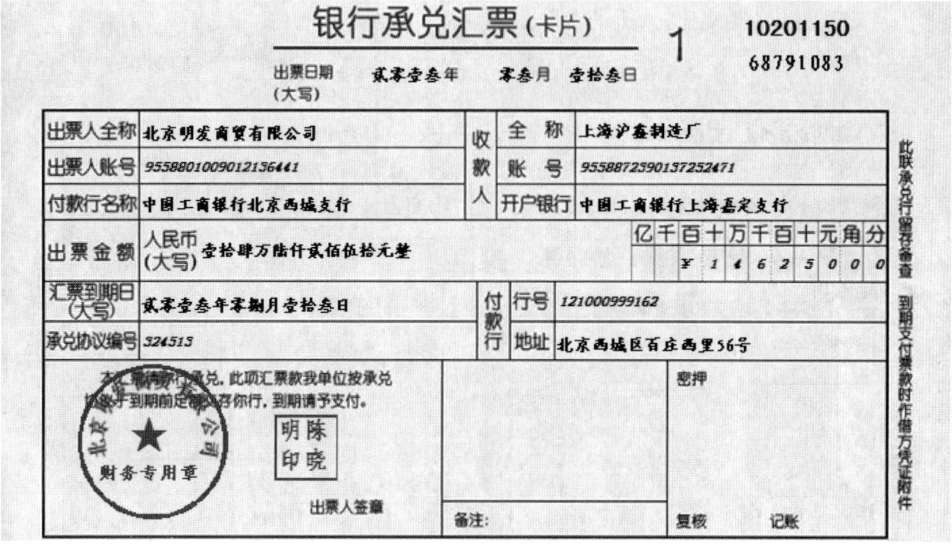

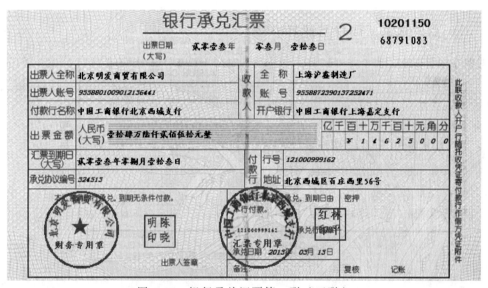

银行承兑汇票（卡片）　1　10201150　68791083

出票日期（大写）　贰零壹叁年　零叁月　壹拾叁日

出票人全称	北京明发商贸有限公司	收款人	全　称	上海沪鑫制造厂
出票人账号	9558801009012136441		账　号	9558872390137252471
付款行名称	中国工商银行北京西城支行		开户银行	中国工商银行上海嘉定支行
出票金额	人民币（大写）壹拾肆万陆仟贰佰伍拾元整		亿千百十万千百十元角分	¥14625000
汇票到期日（大写）	贰零壹叁年零捌月壹拾叁日	付款行	行号	121000999162
承兑协议编号	324513		地址	北京西城区百庄西里56号

本汇票请你行承兑，此项汇票款我单位按承兑协议于到期前足额交存你行，到期请予支付。

北京明发商贸有限公司 财务专用章　明陈 印晓

出票人签章　备注：　密押　复核　记账

此联承兑行留存备查，到期支付票款时作借方凭证附件

图 7-46　银行承兑汇票第一联（卡片）

银行承兑汇票　2　10201150　68791083

出票日期（大写）　贰零壹叁年　零叁月　壹拾叁日

出票人全称	北京明发商贸有限公司	收款人	全　称	上海沪鑫制造厂
出票人账号	9558801009012136441		账　号	9558872390137252471
付款行名称	中国工商银行北京西城支行		开户银行	中国工商银行上海嘉定支行
出票金额	人民币（大写）壹拾肆万陆仟贰佰伍拾元整		亿千百十万千百十元角分	¥14625000
汇票到期日（大写）	贰零壹叁年零捌月壹拾叁日	付款行	行号	121000999162
承兑协议编号	324513		地址	北京西城区百庄西里56号

本汇票请你行承兑，到期无条件付款。

北京明发商贸有限公司 财务专用章　明陈 印晓

本汇票已经承兑，到期日由本行付款。

中国工商银行北京西城支行 121000999162 汇票专用章　承兑行签章　红林 印平

承兑日期 2013年 03月 13日

出票人签章　备注：　密押　复核　记账

此联收款人开户行随托收凭证寄付款行作借方凭证附件

图 7-47　银行承兑汇票第二联（正联）

第三联为银行承兑汇票“存根”联，由出票人存查。票样格式如图 7-48 所示。

3. 适用范围和提示付款期

它适用于在银行开立存款账户的法人以及其他组织之间具有真实的交易关系或债权债务关系的款项结算。商业汇票的签发必须以商品交易为基础，出票人不得签发无对价的商业汇票用以骗取银行或者其他票据当事人的资金。按照购销合同先发货后收款或延期付款的商品交易，不管是同城还是异地，其款项结算都可使用商业汇票的结算方式，而且没有结算起点的限制。但个人不得使用银行承兑汇票。

商业汇票的付款期限，最长不得超过 6 个月。商业汇票持票人应自汇票到期日起 10 日内向承兑人提示付款。持票人未按照前款规定期限提示付款的，持票人开户银行不予受理，但在作出说明后，承兑人或者付款人仍应当继续对持票人承担付款责任。

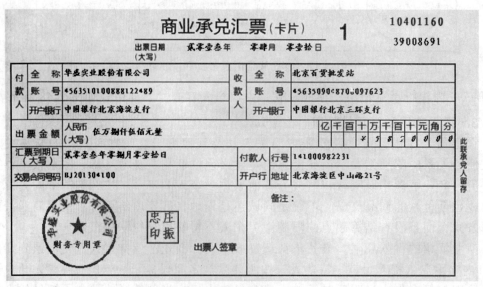

图 7-48　银行承兑汇票第三联（存根联）

（二）商业承兑汇票付款业务办理

【例 7-9】2013 年 4 月 10 日，华盛实业股份有限公司从北京百货批发站购入 200 张桌子，每张桌子单价为 250 元/张（不含税），增值税税率为 17%。采购合同约定货款以付款人签发的期限为 4 个月、面值为 58 500 元的商业承兑汇票结算。

业务处理流程如下。

1. 付款人签发商业承兑汇票

华盛实业股份有限公司出纳人员根据审核无误的增值税发票签发商业承兑汇票。出纳人员应按照规定逐项填明商业汇票的各项内容。商业承兑汇票一式三联，填写格式分别如图 7-49、图 7-50 和图 7-51 所示。

图 7-49　商业承兑汇票第一联（卡片）

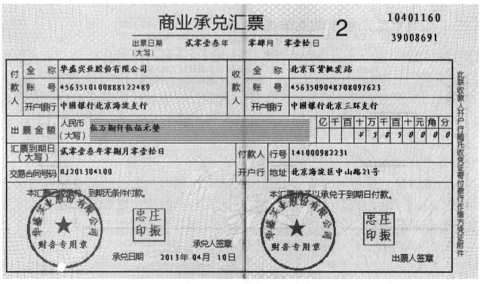

图 7-50　商业承兑汇票第二联（正联）

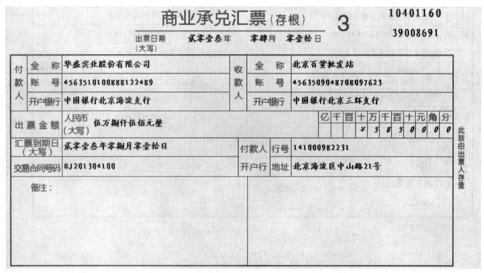

图 7-51　商业承兑汇票第三联（存根联）

2．承兑商业承兑汇票

由付款人华盛实业股份有限公司会计主管及法人印鉴保管人审核商业承兑汇票后，在商业承兑汇票第二联"承兑人签章"处加盖预留银行印鉴（见图 7-50）。承兑后的商业汇票交给收款方。

3．到期兑付

付款人收到开户银行的付款通知，应在当日通知银行付款。付款人在接到付款通知的次日起 3 日内（遇法定休假日顺延）未通知银行付款的，视同付款人承诺付款。银行应于付款人接到通知之日起第 4 日将款项划给持票人。

4．账务处理

付款方会计人员根据原始凭证作相应的账务处理。

（三）商业承兑汇票收款业务办理

【例 7-10】2013 年 6 月 26 日，华盛实业股份有限公司销售给北京华美股份有限公司木板 4 000 片，单价为 100 元（不含税），增值税税率为 17%，价税合计共 468 000 元。双方协商采用商业承兑汇票办理结算。商业汇票由收款方华盛实业股份有限公司出票，期限为 3 个月，面值为 468 000 元。北京华美股份有限公司于 2013 年 6 月 30 日承兑付款。

业务处理流程如下。

（1）收款方华盛实业股份有限公司出纳人员根据审核无误的购销合同与增值税专用发票签发商业承兑汇票。商业承兑汇票一式三联。在第一联和第二联"出票人签章处"加盖预留银行印鉴，并将商业汇票送交给付款人承兑。填写格式分别如图 7-52、图 7-53 和图 7-54 所示。

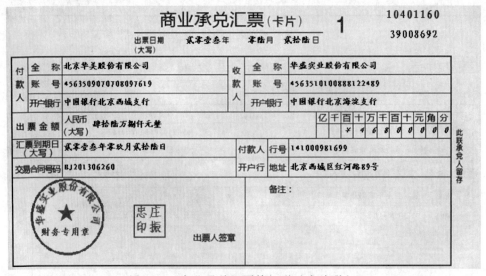

图 7-52　商业承兑汇票第一联（卡片联）

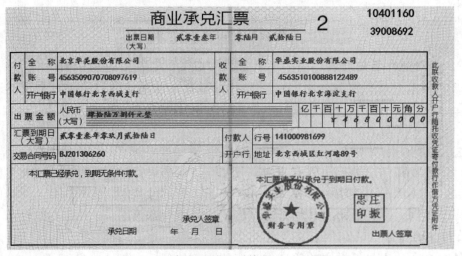

图 7-53　商业承兑汇票第二联（正联）

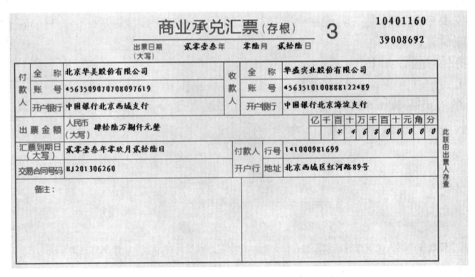

图 7-54 商业承兑汇票第三联（存根联）

（2）付款人承兑商业承兑汇票。6月30日，北京华美股份有限公司会计主管及法人印鉴保管人审核商业汇票后，在商业承兑汇票第二联"承兑人签章"处加盖预留银行印鉴（见图 7-55）。承兑后的商业汇票交收款方华盛实业公司。

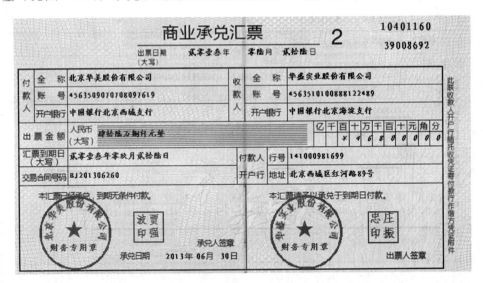

图 7-55 经承兑的商业承兑汇票第二联（正联）

（3）华盛实业公司会计人员根据发票与商业承兑汇票作相应的账务处理。

（4）汇票到期，收款人办理托收。2013年9月26日，汇票到期，华盛实业公司出纳人员根据商业汇票填写托收凭证办理商业汇票到期收款。

（5）收款方会计人员根据原始凭证作相应的收款账务处理。

（四）银行承兑汇票付款业务办理

【例 7-11】2013年3月21日，海达股份有限公司向上海东方集团有限公司购入商品，增值税专用发票上注明价税合计 532 000 元，双方约定以期限 6 个月的银行承兑汇票办理结算。

业务处理流程如下。

（1）由付款人海达股份有限公司出纳人员根据购销合同填制"银行承兑汇票申请书"，出纳人员将填制好的申请书交会计主管和法人印鉴保管员审核，审核无误后加盖预留银行印鉴。填写格式如图 7-56 所示。

承兑汇票申请书

编号：770321

我单位遵守中国人民银行《商业汇票办法》的一切规定，向贵行申请承兑。票据内容如下：

申请单位全称	海达股份有限公司	开户银行全称	交通银行北京东城支行	账号	6222198231561812 79953
汇票号码					
汇票金额(大写)	人民币伍拾叁万贰仟元整				
出票日期(大写)	贰零壹叁年零叁月贰拾壹日				
汇票到期日(大写)	贰零壹叁年零玖月贰拾壹日				
承兑单位或承兑银行	交通银行北京东城支行				
收款人资料 收款人全称	上海东方集团有限公司				
收款人开户行	中国工商银行上海嘉定支行				
收款人账户	9558801009012132093				
申请承兑合计金额	人民币伍拾叁万贰仟元整				

申请承兑的原因和用途：

支付货款

申请单位
（公章）

法人代表
盖章：

2013年 03月 21日

注：本申请书一式叁份，两份提交银行，壹份由申请单位自留。

第一联：人民银行留存

图 7-56 交通银行承兑汇票申请书

（2）填写银行承兑协议。由海达股份有限公司出纳人员填制"银行承兑协议"（见图 7-57），并由承兑银行和出票人在承兑协议上盖章。银行承兑协议一式两联，内容主要包括汇票的基本内容、承兑申请人应遵守的基本条款等。

银行承兑汇票承兑协议

编号：**770321**

收款人全称：　**上海东方集团有限公司**

开户银行：　**中国工商银行上海嘉定支行**

账　号：　**9558801009012132093**

付款人全称：　**海达股份有限公司**

开户银行：　**交通银行北京东城支行**

账　号：　**6222198231561812799953**

银行承兑汇票号码：　**68771056**　汇票金额（大写）：　**伍拾叁万贰仟元整**

签发日期：**2013年03月21日**　到期日期：**2013年09月21日**

以上汇票经承兑银行承兑，承兑申请人（下称申请人）愿遵守《支付结算办法》的规定及下列条款：

1. 申请人于汇票到期日期将应付票款足额交存承兑银行。

2. 承兑手续费按票面金额万分之（　**5**　）计算，在银行承兑时一次付清。

3. 承兑汇票如发生任何交易纠纷，均由收付双方自行处理。票款于到期前仍按第一条办理不误。

4. 承兑汇票到期日，承兑银行凭票无条件支付票款。如到期日之前申请人不能足额交付票款时，承兑银行对不足支付部分的票款转作承兑申请人逾期贷款，并按照有关规定计收罚息。

5. 承兑汇票款付清后，本协议始自动失效。本协议第一、二联分别由承兑银行信贷部门和承兑申请人存执，协议副本由银行会计部门存查。

承兑银行：（公章）

法定代表人（或授权代理人）：

承兑申请人：（公章）

法定代表人（或授权代理人）：

签订日期：**2013** 年 **03** 月 **21** 日

图 7-57　银行承兑汇票承兑协议

（3）签发银行承兑汇票。海达股份有限公司出纳人员根据购货发票、银行承兑协议书等签发"银行承兑汇票"，经会计主管和法人印鉴保管员审核无误后在银行承兑汇票第一联和第二联加盖预留银行印鉴。再由出纳人员将银行承兑汇票交开户银行承兑，开户银行在银行承兑汇票第二联承兑银行盖章处盖章。填制格式分别如图 7-58、图 7-59 和图 7-60 所示。

（4）汇票到期，海达股份有限公司出纳人员收到付款通知后通知开户银行付款。

（5）海达股份有限公司会计人员根据原始凭证作相应的付款账务处理。

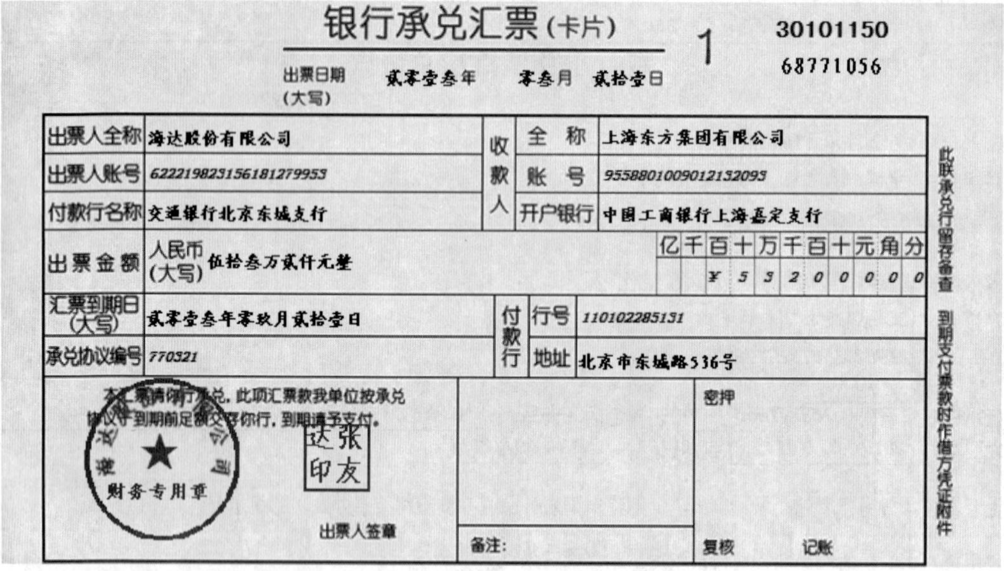

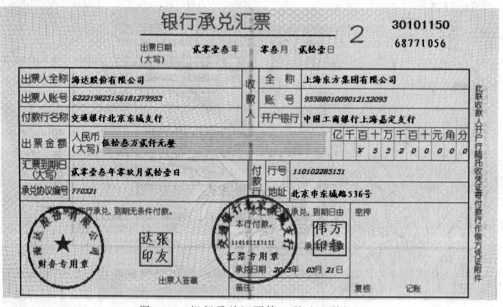

图 7-58　银行承兑汇票第一联（卡片联）

图 7-59　银行承兑汇票第二联（正联）

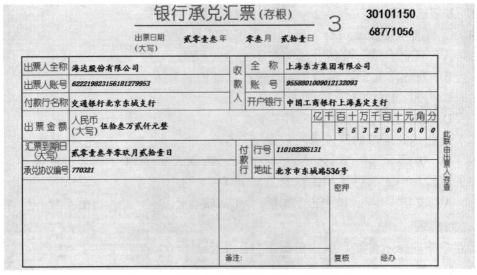

图 7-60　银行承兑汇票第三联（存根联）

（五）银行承兑汇票收款业务办理

银行承兑汇票收款业务处理流程如下。

1．收款人审核银行承兑汇票

收款方出纳人员收取银行承兑汇票时应认真审查一下内容：表明"银行承兑汇票"的字样；无条件支付的委托；确定的金额；付款人名称；收款人名称；出票日期；出票人签章等必要记载事项是否齐全；出票人签章、承兑人签章是否符合规定；出票日期、收款人名称是否更改；其他记载事项的更改是否由原记载人签章证明；是否注明"不得转让"字样；背书转让的汇票其背书是否连续，签章是否符合规定等。

2．填写委托收款凭证

收款方出纳人员根据审核无误的银行承兑汇票，填写一式五联的委托收款的托收凭证。并在第二联上加盖企业预留印鉴。

3．银行受理委托收款的托收凭证

收款人开户银行审查受理后，将委托收款的托收凭证第一联回单联加盖银行印章后退回收款人。收款人开户行将有关单证寄交付款人开户银行，以通知付款人。

4．票据办理

收款人开户行和付款人开户行进行票据交换、审核、资金的划拨。款项到账户后，开户银行通知收款人办理收款。

5．账务处理

收款方会计人员根据原始凭证完成相应的收款账务处理。

能力训练

1．单项选择题

商业汇票的付款期限，最长不得超过（　　　　）。

A．3 个月　　　　B．6 个月　　　　C．9 个月　　　　D．12 个月

2. 多项选择题

（1）下列各项中，不符合《票据法》规定的是（　　　）。

　　A. 商业承兑汇票属于商业汇票

　　B. 商业承兑汇票的承兑人是银行以外的付款人

　　C. 银行承兑汇票属于商业汇票

　　D. 银行承兑汇票属于银行汇票

（2）商业承兑汇票的签发人可以是（　　　）。

　　A. 银行　　　　　B. 付款人　　　　C. 收款人　　　　D. 代理付款银行

（3）单位和个人都可采用的结算方式有（　　　）。

　　A. 支票　　　　　B. 银行本票　　　C. 银行汇票　　　D. 商业汇票

3. 判断题

商业汇票的提示付款期限为自出票日起 1 个月。　　　　　　　　　　　（　　　）

4. 业务题

（1）2013 年 7 月 10 日，北京明发商贸有限公司向北京恒利有限公司购买胶合板一批，增值税专用发票上注明价税合计为 157 950 元，由付款人签发付款期限为 3 个月，票面利率为 3.6%的商业承兑汇票结算货款，并于当日承兑。北京明发商贸有限公司的开户行为中国工商银行北京西城支行（行号为 121000999162，地址是北京西城区百庄西里 56 号），公司银行账号为 9558801009012136441，法定代表人为陈晓明；北京恒利有限公司开户行为中国银行北京东城支行，账号为 4563509048708096657；合同号为销字 5006。

要求：以出票人的身份填写完整商业承兑汇票第二联正联（见图 7-61）。

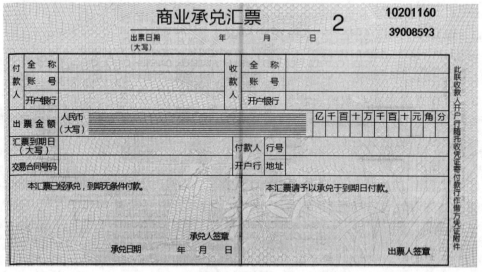

图 7-61　商业承兑汇票第二联（正联）

（2）2013 年 3 月 13 日，北京明发商贸有限公司从上海沪鑫制造厂购买设备一台，增值税专用发票上注明价税合计为 146 250 元，根据购销合同约定，签发付款期限为 5 个月的银行承兑汇票结算货款。北京明发商贸有限公司的开户行为中国工商银行北京西城支行（行号为 121000999162，地址是北京西城区百庄西里 56 号），公司银行账号为 9558801009012136441，法定代表人为陈晓明；上海沪鑫制造厂开户行是中国工商银行上海嘉定支行，账号为 9558872390137252471；承兑协议号为 324513。

　　要求：以出票人的身份填写完整银行承兑汇票第二联正联（见图 7-62），并由承兑银行承兑。

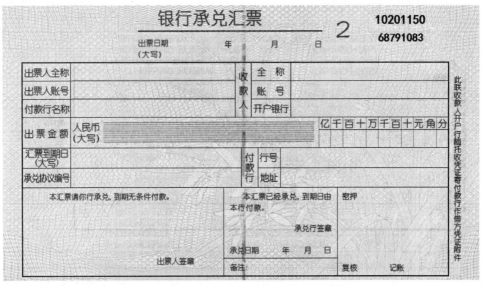

图 7-62　银行承兑汇票第二联（正联）

六、汇兑业务办理

 案例导入

　　2013 年 7 月 12 日，华盛实业股份有限公司采用电汇方式支付上海市新华书店购书尾款 3 000 元。华盛实业股份有限公司的会计部门应如何办理该项业务？

（一）汇兑结算认知

1. 概念与适用范围

　　汇兑是汇款人委托银行将其款项支付给收款人的结算方式。汇兑结算方式适用于异地之间单位或个人的各种款项结算，具有划拨款项简单、灵活的特点。

2. 分类与格式

　　汇兑按划款方式不同分为信汇和电汇两种，由汇款人根据需要选择使用。

　　（1）信汇。信汇是汇款人向银行提出申请，同时交存一定金额及手续费，汇出行将信汇委托书以邮寄方式寄给汇入行，授权汇入行向收款人解付一定金额的汇兑结算方式。

　　采用信汇的，出纳员应填制一式四联的"信汇凭证"。"信汇凭证"第一联为"回单"（见图 7-63），是汇出行受理信汇凭证后给汇款人的回单。

　　信汇凭证第二联为"借方凭证"（见图 7-64），是汇款人委托开户银行办理信汇时转账付款的支付凭证。

中国工商银行信汇凭证（回单） 1

委托日期　　年　月　日

汇款人	全　称		收款人	全　　称		此联汇出行给汇款人的回单
	账　号			账　　号		
	汇出地点	省　市/县		汇入地点	省　市/县	
汇出行名称			汇入行名称			

金额	人民币（大写）				亿	千	百	十	万	千	百	十	元	角	分

支付密码

附加信息及用途

汇出行签章　　　　　　复核：　　　　记账

图 7-63　信汇凭证第一联（回单）

中国工商银行信汇凭证（借方凭证） 2

委托日期　　年　月　日

汇款人	全　称		收款人	全　　称		此联汇出行作借方凭证
	账　号			账　　号		
	汇出地点	省　市/县		汇入地点	省　市/县	
汇出行名称			汇入行名称			

金额	人民币（大写）				亿	千	百	十	万	千	百	十	元	角	分

此汇款支付给收款人

支付密码

附加信息及用途

汇款人签章　　　　　　复核：　　　　记账

图 7-64　信汇凭证第二联（借方凭证）

信汇凭证第三联为"贷方凭证"（见图 7-65），是汇入行将款项转入收款人账户后的收款凭证。

中国工商银行信汇凭证（贷方凭证） 3

委托日期　　年　月　日

汇款人	全　称		收款人	全　　称		此联汇入行作贷方凭证
	账　号			账　　号		
	汇出地点	省　市/县		汇入地点	省　市/县	
汇出行名称			汇入行名称			

金额	人民币（大写）				亿	千	百	十	万	千	百	十	元	角	分

支付密码

附加信息及用途

复核：　　　　记账

图 7-65　信汇凭证第三联（贷方凭证）

信汇凭证第四联为"收款通知",（见图 7-66）,是在将款项直接计入收款人账户后通知收款人的收款通知,或不直接记入收款人账户时收款人凭以领取款项的取款收据。

图 7-66　信汇凭证第四联（收账通知）

（2）电汇。电汇是指汇款人将一定款项交存汇款银行,汇款银行通过电报传给目的地的分行或代理行（汇入行）,汇入行向收款人支付一定金额的汇款方式。

电汇凭证是一式三联,第一联为"回单",是汇出行给汇款人的回单,格式如图7-67 所示。

图 7-67　电汇凭证第一联（回单）

电汇凭证第二联为"借方凭证",是由汇出行办理转账付款的支款凭证,格式如图 7-68 所示。

中国工商银行 电汇凭证（借方凭证） 2

| □普通 □加急 | | 委托日期 年 月 日 | | | | | | | | | | |

汇款人	全称		收款人	全称										
	账号			账号										
	汇出地点	省 市/县		汇入地点	省 市/县										
	汇出行名称			汇入行名称										

金额 人民币（大写）　　　　　　　　　　　亿 千 百 十 万 千 百 十 元 角 分

支付密码

附加信息及用途

此汇款支付给收款人

汇款人签章　　　　　　　　复核：　　　记账

此联汇出行作借方凭证

图 7-68　电汇凭证第二联（借方凭证）

电汇凭证第三联为"汇款依据"，是由汇入行拍发电报时的汇款依据，格式如图 7-69 所示。

中国工商银行 电汇凭证（贷方凭证） 3

| □普通 □加急 | | 委托日期 年 月 日 | | | | | | | | | | |

汇款人	全称		收款人	全称										
	账号			账号										
	汇出地点	省 市/县		汇入地点	省 市/县										
	汇出行名称			汇入行名称										

金额 人民币（大写）　　　　　　　　　　　亿 千 百 十 万 千 百 十 元 角 分

支付密码

附加信息及用途

复核：　　　记账

此联汇出行凭以汇出汇款

图 7-69　电汇凭证第三联（贷方凭证）

（二）汇兑业务处理

汇兑业务处理流程如下。

（1）汇款人委托开户银行办理汇款。

（2）银行受理，收取款项和手续费后，在电汇凭证第一联回单上盖章并退回汇款人，作为汇款人编制会计凭证、登记银行存款日记账的依据。在第二联"汇款人"签章处加盖预留银行印鉴，交开户银行办理划款手续。

（3）银行间划拨。

（4）收款人开户银行通知收款人汇款已到。

汇兑结算流程如图 7-70 所示。

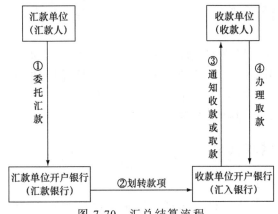

图 7-70　汇兑结算流程

能力训练

1．多项选择题

汇兑分为（　　　）。

A．信汇　　　　　　　B．电汇　　　　　　　C．票汇　　　　　　　D．转汇

2．业务题

长沙远东公司于 2014 年 8 月 25 日从广州新河电力钢材剪切配送有限公司购入规格为 1.2×1250×C 镀锌板卷耐指纹钢材 5 吨，每吨单价 7 000 元，增值税率为 17%，双方协议采用信汇结算方式，长沙远东公司的开户银行为工商银行长沙韶山路支行，账号为 20100354，广州新河电力钢材剪切配送有限公司的开户银行为建设银行广州分行中山路营业部，账号为 836742121734。请以汇款人身份填制汇兑凭证回单联（见图 7-71）。

中国工商银行信汇凭证（回单）　1

委托日期　　年　月　日

汇款人	全　　称		收款人	全　　称												此联汇出行给汇款人的回单
	账　　号			账　　号												
	汇出地点	省　　市/县		汇入地点	省　　市/县											
	汇出行名称			汇入行名称												
金额	人民币（大写）					亿	千	百	十	万	千	百	十	元	角	分
			支付密码													
			附加信息及用途													
	汇出行签章			复核：　　　　　记账												

图 7-71　信汇凭证（回单）

七、委托收款业务办理

 案例导入

2013 年 4 月 17 日，华盛实业股份有限公司销售给福州长富贸易公司一批货物，增值税专用发票上注明的价税合计 2 925 元，由于是异地结算，双方协议采用委托收款结算方式，由销货单位先发货，采购单位验收付款。请问，作为付款人福州长富贸易公司的会计部门如何办理付款业务？

（一）委托收款结算认知

1. 概念与适用范围

委托收款是收款人委托银行向付款人收取款项的结算方式。委托收款便于收款人主动收款，在同城、异地均可使用。无论是单位还是个人，都可凭已承兑商业汇票、债券、存单等付款人债务证明，采用该结算方式办理款项的结算。委托收款结算款的划回方式分为邮寄和电划两种，由收款人选择。

2. 格式

收款人办理委托收款，应向银行填写委托收款凭证并提交有关债务证明。邮寄或电划的委托收款凭证均为一式五联：第一联是受理回单，是收款人开户银行给收款人的回单，格式如图 7-72 所示。

托收凭证（受理回单）　　　1

委托日期　　年　　月　　日

（2005）10-17.5公分　　15 角有限公司　051265011866

业务类型	委托收款（□邮划、□电划）			托收承付（□邮划、□电划）				
付款人	全　称			收款人	全　称			
	账　号				账　号			
	地　址	省　　市县　开户行			地　址	省　　市县　开户行		
金额	人民币（大写）					亿千百十万千百十元角分		
款项内容		托收凭据名　称				附寄单证张数		
商品发运情况			合同名称号码					
备注：								
复核　　记账			年　月　日		收款人开户银行签章　年　月　日			

此联作收款人开户银行给收款人的受理回单

图 7-72　委托收款凭证第一联（受理回单）

托收凭证第二联是贷方凭证，由收款人开户银行做贷方凭证，格式如图 7-73 所示。

托收凭证第三联是借方凭证，由付款人开户银行作借方凭证，格式如图 7-74 所示。

托收凭证第四联是汇款依据或收账通知,是付款人开户银行凭以汇款的依据或收款人开户银行在款项收妥后给收款人的收账通知,格式如图7-75所示。

托收凭证第五联是付款通知,是付款人开户银行给付款人按期付款的通知,格式如图7-76所示。

收款人在第二联上加盖银行预留印鉴章,委托银行向付款人收取款项。收款人开户银行审查受理后,将委托收款凭证第一联回单加盖银行业务受理章后退回收款人。

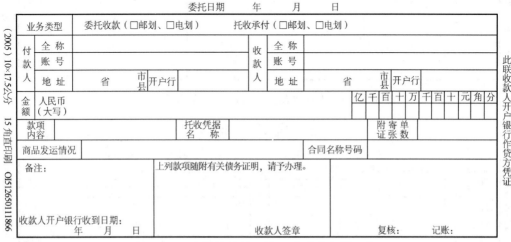

图 7-73 委托收款凭证第二联(贷方凭证)

图 7-74 委托收款凭证第三联(借方凭证)

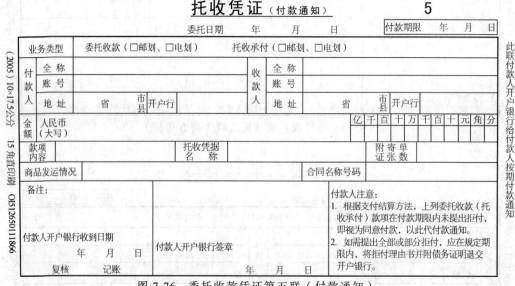

图 7-75　委托收款凭证第四联（收账通知）

图 7-76　委托收款凭证第五联（付款通知）

（二）委托收款业务办理

委托收款业务处理流程如下。

（1）收款人委托收款。收款人办理委托收款，应向银行填写委托收款凭证并提交有关债务证明。

（2）传递凭证。收款人开户银行将有关单证寄交付款人开户银行，以通知付款人。

（3）付款银行通知付款人付款。

（4）付款人付款。付款人开户银行接到收款人开户银行寄来的委托收款凭证及债务证明，审查无误后办理付款。

①　付款人为银行的,银行应当在当天将款项主动支付给收款人。

②　付款人为单位的,银行应及时通知付款人。付款人接到通知后,应在规定的付款期限内付款,付款期为 3 天,付款人在付款期内未向银行提出异议,银行视作同意付款,并在付款期满的次日开始营业时,将款项主动划给收款人。如付款人审查有关债务证明后,对收款人委托收取的

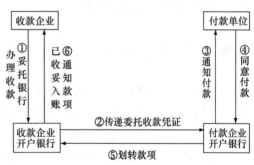

图 7-77　委托收款结算流程图

款项需要拒绝付款的,应在付款期内填写拒付理由书,连同委托收款凭证第五联等凭证一并交银行,办理拒绝付款手续。

委托收款结算流程图如图 7-77 所示。

 能力训练

1. 单项选择题

适用于在银行开立存款账户的法人以及其他组织之间具有真实的交易关系或债权债务关系的票据结算方式是(　　　　)。

A. 委托收款　　　　B. 托收承付　　　　C. 商业汇票　　　　D. 汇兑

2. 业务题

浏阳机械厂 2014 年 8 月 15 日销售给株洲红光机器厂空调 RTF7.1 风机 10 台,单价 3 960 元,增值税率为 17%,代垫运费 1 600 元,共计款项 47 932 元。双方协议采用委托收款方式进行结算(邮划方式),发货后根据 2 张发票、1 张运单办理委托收款手续。浏阳机械厂开户银行为工商银行浏阳市盼盼路支行,账号为 20100354;株洲红光机器厂开户银行为建设银行株洲南开支行鑫茂分理处,账号为 12269001000278976;合同编号为 432988201。请填制委托收款结算凭证受理回单联(见图 7-78)。

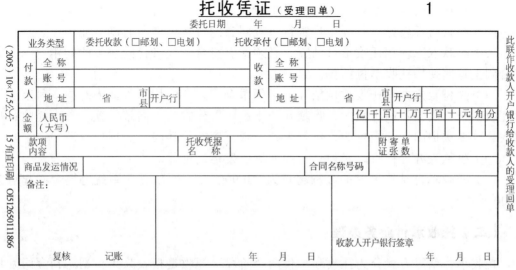

图 7-78　托收凭证(受理回单)

八、托收承付业务办理

 案例导入

2013 年 1 月 11 日，华盛实业股份有限公司（国企）向上海天地集团有限公司（国企）销售产品一批，增值税专用发票上注明价税合计 117 000 元，双方签订的购销协议中约定以托收承付结算方式进行结算，销货方货已发出，购货方验货付款。请问，作为付款人上海天地集团有限公司的会计部门应如何办理付款业务？采用托收承付结算方式与采用委托收款结算方式进行结算有何异同？

（一）托收承付结算认知

1. 概念

托收承付是根据购销合同由收款人发货后委托银行向异地付款人收取款项，购货单位根据合同核对单证或验货后，向银行承认付款的结算方式。

托收承付结算款项的划回方法，分邮寄和电划两种，由收款人选用。邮寄是指收款人委托银行通过邮寄方式将款项划转给收款人的结算方式。电划是指收款人委托银行通过电报将款项划给收款人的结算方式。

2. 格式

单位办理托收承付结算时须填制"托收凭证"，托收凭证一式五联，第一联是回单联，第二联是贷方凭证，第三联是借方凭证，第四联是汇款依据或收款通知，第五联是付款通知。托收凭证一式五联格式见委托收款业务办理中的图 7-72 至图 7-76。

3. 适用范围与使用规定

托收承付结算适用范围较小，监督严格且信用度高，只适用于异地企业之间订有经济合同的商品交易及因商品交易而产生的劳务供应款项的结算。代销、零售、赊销商品的款项不得办理托收承付结算。在使用托收承付结算方式时应遵循以下规定。

（1）使用托收承付结算方式的收款单位和付款单位，必须是国有企业、供销合作社，以及经营管理较好、并经开户银行审查同意的城乡集体所有制工业企业。

（2）收款双方使用托收承付结算，必须签有符合《经济合同法》的购销合同，并在合同上订明使用托收承付结算方式。

（3）收付双方办理托收承付结算，必须重合同，守信用。收款人对同一付款人发货托收累计 3 次收不回货款的，收款开户银行应暂停收款人向该付款人办理托收；付款人累计 3 次提出无理拒付的，付款人开户银行应暂停其向外办理托收。

（4）收款人办理托收，必须具有商品确已发运的证件。

（5）托收承付结算每笔的金额起点为 10 000 元，新华书店系统每笔金额起点为 1 000 元。

（二）托收承付业务办理

托收承付结算方式分为托收和承付两个阶段。托收是指收款人根据购销合同发货后，委托银行向付款人收取款项的行为；承付是指付款人根据经济合同核对单证或验货后，向银行承认付款的行为。托收承付业务处理流程如下。

（1）销货企业发出商品。

（2）收款人委托收款。收款人根据购销合同发运商品并支付代垫运费后，向银行提交托收承付结算凭证及购销合同、发票账单、发运证明等单证。收款人开户银行审查受理后，将托收承付结算凭证第一联回单加盖银行业务受理章后退回给收款人。

（3）传递凭证。收款人开户银行将有关单证寄交付款人开户银行，以通知付款人。

（4）承付。付款人开户银行收到托收凭证及其附件后，应当及时通知付款人付款。付款人应在承付期内审查核对，安排资金。承付货款分为验单付款和验货付款两种，由收付双方商量选用，并在合同中明确规定。

验单付款承付期限为 3 天，从付款人开户银行发出承付通知的次日算起（承付期内遇节假日可以顺延）；验货付款承付期限为 10 天，从运输部门向付款人发出提货通知的次日算起。付款人在付款期内，未向银行提出异议，银行视作同意付款，并在付款期满的次日开始营业时，将款项主动划给收款人。不论是验单付款还是验货付款，付款人都可以在承付期内提前向银行表示承付，并通知银行提前付款，银行应立即办理划款。

（5）逾期付款。付款人在承付期满日银行营业终了时，如无足够资金支付，其不足部分，即为逾期未付款项。付款人开户银行应当根据逾期付款金额和逾期天数，按每天万分之五计算逾期未付赔偿金。当付款人账户有款时，开户银行必须将逾期未付款项和应付的赔偿金及时扣划给收款人，不得拖延扣划。

（6）拒绝付款。付款人如果在验单或验货时发现收款单位托收款项计算错误或所收货物的品种、质量、规格、数量等与合同规定不符等情况，可以在承付期内提出全部或部分拒付，并填写"拒绝付款理由书"，向银行办理拒付手续。银行审查拒付理由后，同意拒付的，在拒付理由书上签署意见，并将有关单证寄交收款人开户银行转交收款人。同时，付款人对所拒收的物资要妥善保管。

托收承付结算流程如图 7-79 所示。

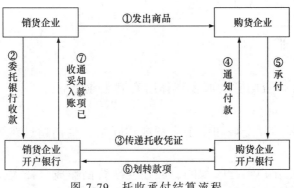

图 7-79　托收承付结算流程

上述支票、银行汇票、银行本票、商业汇票、汇兑、委托收款、异地托收承付这 7 种支付结算方式是当前较常用的银行结算方式。这 7 种结算方式根据结算形式的不同，可以划分为票据结算和非票据结算两大类；根据结算地点的不同，可以划分为同城结算方式、异地结算方式和通用结算方式三大类。

同城结算方式是指在同一城市范围内各单位或个人之间的经济往来，通过银行办理款项划转的结算方式，具体有支票结算方式和银行本票结算方式。

异地结算方式是指不同城镇、不同地区的单位或个人之间的经济往来通过银行办理款项划转的结算方式，具体包括银行汇票结算方式、汇兑结算方式和异地托收承付结算方式。

通用结算方式是指既适用于同一城市范围内的结算，又适用于不同城镇、不同地区的结算，具体包括商业汇票结算方式和委托收款结算方式。

银行现行 9 种结算方式的分类如图 7-80 所示。

		银行本票	定额本票
现行结算方式	同城结算		不定额本票
		支票	现金支票
			转账支票
	异地结算	银行汇票	
		汇兑	信汇
			电汇
		异地托收承付	
		信用证	
	通用结算	商业汇票	商业承兑汇票
			银行承兑汇票
		委托收款	
		信用长	

图 7-80　银行结算方式分类图

各种结算方式各具特色，各有针对性、局限性，使用范围也存在差异，结算单位应选择合适的银行结算方式。合理选择银行结算方式对加速结算单位资金周转、抑制货款拖欠、加强财务管理、促进经济发展具有重要意义。

能力训练

1. **多项选择题**

可以使用托收承付结算方式的企业有（　　　）。

A. 国有企业

B. 中外合资企业

C. 供销合作社

D. 经开户银行审查同意的城乡集体所有制工业企业

2. **判断题**

（1）未填明实际结算金额和多余金额或实际结算金额超过票面金额的，银行不予受理。　　　　　　　　　　　　　　　　　　　　　　　　　　　　（　　　）

（2）持票人委托开户银行收款的，应在支票背面作成委托收款背书。　（　　　）

（3）托收承付结算方式分为验单付款和验货付款两种承付货款方式。　（　　　）

3. **业务题**

浏阳机械厂（国企）2014 年 8 月 28 日向株洲机器厂（国企）销售 RDFS3.5BS3-6 型外转子风机 5 台，开具增值税专用发票，发票注明单价 3 300 元，增值税率为 17%，双方在合同中协议采用托收承付结算方式，验货付款，货已由浏阳机械厂发出。浏阳机械厂开户银行为工行浏阳分行，账号为 333445840100356；株洲机器厂开户银行为工行芙蓉支行，账号为 8402021509248028；合同号码为 555431（电划）。请填制托收承付结算凭证受理回单联（见图 7-81）。

托收凭证 (受理回单)　　　　1

委托日期　　年　　月　　日

业务类型	委托收款（□邮划、□电划）	托收承付（□邮划、□电划）		

左侧竖排：（2005）10×17.5公分　15 角直印刷　O5126501I1866

付款人	全 称			收款人	全 称	
	账 号				账 号	
	地 址	省　市县　开户行			地 址	省　市县　开户行

金额 人民币（大写）　　　　　　　　　　　　亿 千 百 十 万 千 百 十 元 角 分

款项内容		托收凭据名称		附寄单证张数	

商品发运情况　　　　　　　合同名称号码

备注：

收款人开户银行签章　　年　月　日

复核　　记账　　　　年　月　日

右侧竖排：此联作收款人开户银行给收款人的受理回单

图 7-81　托收凭证（受理回单）

九、银行存款清查

 案例导入

杭州阿里山有限公司 2015 年 6 月 10 日收到银行的对账单，该企业开户银行为工商银行杭州支行，账号为 52186321112。

┃ 思 考 ┃

假如你是出纳员刘海东，根据相关资料该如何编制银行存款余额调节表？

（一）银行存款清查的概念、方法和步骤

1．银行存款清查的概念

银行存款清查，是指企业的出纳人员和指定的会计人员定期（一般是每月末）或不定期与开户银行核对账目，以确定其是否账账相符。

2．银行存款清查的方法

银行存款清查的方法与现金和实物清查的方法不同，它不是采用实地盘点法，而是使用对账单法。银行存款清查的对账单法，是指企业将其银行存款日记账与开户银行送给该单位的对账单进行逐笔核对，查明有无未达账项及其具体情况的财产清查方法。

3．银行存款清查的步骤

银行存款清查一般按以下 4 个步骤进行。

（1）将本企业的银行存款日记账与银行对账单进行逐日逐笔核对，核对内容为结

算种类、号码和金额。凡双方都有记录的，用铅笔在金额栏旁边做上记号"√"。

（2）核对后清理出各类未达账项。

（3）编制银行存款余额调节表，计算调整。

（4）将填制正确的银行存款余额调节表提交财务主管审核签章，报开户银行，清查完毕。

（二）银行存款日记账与银行对账单的核对

企业在与银行核对账目之前，应先检查本企业银行存款日记账的正确性和完整性，然后再与银行送来的对账单逐笔核对。在实际工作中，企业银行存款日记账上的余额与银行对账单上的余额往往不一致。导致这种不一致的原因可能有两个方面：一是企业与其开户银行双方或其中一方记账有误；二是存在未达账项。

1. 未达账项

所谓未达账项，是指企业与开户银行之间，对于同一笔经济业务，由于取得凭证的时间不同，所发生的一方到账，而另一方尚未到账的会计事项。

企业与开户银行之间的未达账项一般有以下4种情况。

（1）银行已经收款入账，而企业尚未收款入账的款项。例如，开户银行代企业收入一笔应收账款，而银行的收款通知尚未传到企业。

（2）银行已经付款入账，而企业尚未付款入账的款项。例如，开户银行收取企业在银行借款的利息，而银行的付款通知尚未传到企业。

（3）企业已经收款入账，而银行尚未收款入账的款项。例如，企业收到外单位的转账支票，而尚未到银行办理转账。

（4）企业已经付款入账，而银行尚未付款入账的款项。例如，企业已开出支票，而持票人尚未到银行办理提现或转账。

出现（1）和（4）情况时，企业银行存款日记账余额小于银行对账单余额；出现（2）和（3）情况时，企业银行存款日记账余额大于银行对账单余额。无论出现上述哪种情况，都会使企业银行存款日记账余额与银行对账单余额不一致，对此，必须编制"银行存款余额调节表"（见图7-82）进行调节。

银行存款余额调节表
年　月　日

单位名称：　　　　　　　　开户银行：　　　　　　　　账号：

项　目	金　额	项　目	金　额
企业银行存款日记账余额		开户银行对账单余额	
加：银行已收、企业未收款		加：银行已收、企业未收款	
减：银行已付、企业未付款		减：银行已付、企业未付款	
调节后的存款余额		调节后的存款余额	

会计主管：　　　　　　　　　　　　　　　　　　　　制单：

图 7-82　银行存款余额调节表

2. 银行存款余额调节表及其编制方法

银行存款余额调节表，是指在企业银行存款日记账余额与银行对账单余额的基础上，各自加上对方已收、本单位未收账项数额，减去对方已付、本单位未付账项数额，以调整双方余额使其一致的一种调节方法。通过调节，"银行存款余额调节表"上的双方余额应该相等，说明双方记账没有差错。如果调节后仍不相等，要么是未达账项未全部查出，要么是一方或双方记账出现差错，需要进一步采用对账方法查明原因，加以更正。调节相等后的银行存款余额是当日可以动用的银行存款实有数。

应该注意的是，"银行存款余额调节表"是为了核对企业与其开户银行双方记录的企业银行存款账面余额而编制的，列示双方未达账项的一种表格，对于银行已经入账，而企业尚未入账的未达账项，企业应在收到有关结算凭证后才能据以入账，不能以"银行存款余额调节表"作为记账依据。

银行存款余额调节表一般采用补记法编制。其基本原理是：假设未达账项全部入账，银行存款日记账及银行对账单的余额应相等。其计算公式如下：

左方"调节后余额"=企业银行存款日记账余额+银行已收、企业未收款－银行已付、企业未付款

右方"调节后余额"=开户银行对账单余额+企业已收、银行未收款－企业已付、银行未付款

【例 7-12】2015 年杭州阿里山有限公司 2015 年 6 月 10 日收到银行的对账单，如图 7-83 所示，该企业开户银行为工商银行杭州支行，账号为 52186321112。

假如你是出纳员刘海东，该如何根据相关资料（见图 7-84）编制银行存款余额调节表？

中国工商银行对账单

页码：01

账号：52186321112　　　　单位名称：杭州阿里山有限公司　　　币种：人民币

年份：2015

日期	摘要	凭证种类	凭证号码	借方发生额	贷方发生额	余额
0601	承前页					805 000
0602	支付上月利息	委收	#701	8 000		797 000
0604	购入材料	转支	#603	58 500		736 500
0605	收回应收款项	委收	#734		140 000	878 500
0609	收回货款	委收	#1004		40 000	918 500
0610	收到投资款项	转支	#605		500 000	1 418 500
0610	货款利息	委收	#906	7 500		1 411 500
0610	支付物业管理费	特转	#406	2 500		1 408 500
0610	月末余额					1 408 500

打印时间：20130610

图 7-83　银行的对账单

银行存款日记账

第 6 页

2015 年		凭证		对应科目	摘　要	借方	贷方	借或贷	余额	✓
月	日	字	号							
06	01				承前页				805 000	
06	01	银付	01	财务费用	支付上月利息		8 000		797 000	
06	03	银付	02	原材料	购入材料		58 500		738 500	
06	04	银收	01	应收账款	收回应收款项	140 000			878 500	
06	07	银付	03	营业费用	支付广告费		3 500		875 000	
06	09	银收	02	实收资本	收到投资款项	500 000			1 375 000	
06	10	银付	04	预付账款	预付账款		70 000		1 305 000	

图 7-84　杭州阿里山有限公司 2015 年 6 月 1—10 日银行存款日记账

出纳员刘海东根据上述资料编制银行存款余额调节表，如图 7-85 所示。

银行存款余额调节表
2015 年 06 月 10 日

单位名称：杭州阿里山有限公司　　开户银行：工商银行杭州支行　　账号：52186321112

项　目	金　额	项　目	金　额
企业银行存款日记账余额	1 305 000	开户银行对账单余额	1 408 500
加：银行已收、企业未收款	40 000	加：银行已收、企业未收款	
减：银行已付、企业未付款	7 500 2 500	减：银行已付、企业未付款	3 500 70 000
调节后的存款余额	1 335 000	调节后的存款余额	1 335 000
会计主管：			制单：刘海东

图 7-85　银行存款余额调节表

能力训练

1. 单项选择题

（1）银行存款清查，应采用的方法是（　　　）。

　　A. 实地盘点法　　B. 技术推断法　　　C. 核对账目法　　　D. 调查登记法

（2）导致银行存款日记账余额小于对应日期银行对账单余额的是（　　）。

    A．企业已收款入账，银行尚未收款入

    B．企业已付款入账，银行尚未付款入账

    C．银行已付款入账，企业尚未付款入账

    D．企业误将存款收入 5 290 元记录为 5 920 元，但银行未错

（3）导致银行存款日记账余额大于对应日期银行对账单余额的是（　　）。

    A．企业已收款入账，银行尚未收款入账

    B．企业已付款入账，银行尚未付款入账

    C．企业误将存款收入 8 298 元记录为 6 298 元，但银行未错

    D．银行已付款入账，企业尚未付款入账

2．多项选择题

（1）银行存款日记账余额大于银行对账单余额，可能是因为（　　）。

    A．银行已记增加，企业未记增加   B．企业已记增加，银行未记增加

    C．银行已记减少，企业未记减少   D．企业已记减少，银行未记减少

（2）未达账项的类型是（　　）。

    A．银行已记增加，企业未记增加   B．银行已记减少，企业未记减少

    C．企业已记增加，银行未记增加   D．企业已记减少，银行未记减少

3．判断题

（1）银行存款余额调节表是调整银行存款账面余额的原始凭证。（　　）

（2）根据不相容岗位相互分离的要求，银行存款余额调节表应由出纳会计编制。（　　）

（3）银行存款清查是采用核对账目的方法。（　　）

4．业务题

2015 年 9 月 30 日，北京智成软件有限公司收到银行的对账单，请编制银行存款余额调节表（见图 7-86），相关资料如图 7-87 和图 7-88 所示。制表人：王西莹。

银行存款余额调节表

年　月　日

单位名称：　　　　　　　开户银行：　　　　　　　账号：

项　目	金　额	项　目	金　额
企业银行存款日记账余额		开户银行对账单余额	
加：银行已收、企业未收款		加：银行已收、企业未收款	
减：银行已付、企业未付款		减：银行已付、企业未付款	
调节后的存款余额		调节后的存款余额	
会计主管：			制单：

图 7-86

银行存款日记账

第 __15__ 页

2015年 月	日	凭证 字	号	对应科目	摘 要	借方	贷方	借或贷	余额	✓
09	01				承前页	5 655 800	5 050 860		547 045.80	
09	01	银付	101		支付上月材料款		35 100		511 945.80	
09	01	银收	201		收回货款	3 726.10			515 671.90	
09	08	银收	202		收回货款	6 910.50			522 582.40	
09	10	银付	102		支付上月税金		7 708.30		514 874.10	
09	13	银收	203		收回货款	6 619.30			521 493.40	
09	23	银付	103		提取备用金		4 000		517 493.40	
09	29	银收	204		收回货款	5 707.10			523 200.50	
09	30	银付	104		支付汽车维修费		17 200		506 000.50	
09	30				本月合计	22 963	64 008.30		506 000.50	
09	30				本年累计	5 678 763	5 114 868.30		506 000.50	

图 7-87

中国农业银行对账单

页码：01

账号：32015336621168811　　单位名称：北京智成软件有限公司　　币种：人民币

年份：2015

日期	摘要	凭证种类	凭证号码	借方发生额	贷方发生额	余额
0901	承前页					547 045.80
0902	支付上月材料款	转支	#1401	35 100.00		511 945.80
0902	收回货款	委收	#2201		3 726.10	515 671.90
0908	收回货款	委收	#2202		6 910.50	522 582.40
0910	支付上月税金	转支	#1402	7 708.30		514 874.10
0913	收回货款	委收	#2203		6 619.30	521 493.40
0923	提取备用金	转支	#1403	4 000.00		517 493.40
0929	收回货款	委收	#2204		13 000.00	530 493.40
0930	代付电话费	特转	#3201	5 309.50		525 183.90

打印时间：20150930

图 7-88

附 录
五笔字型难拆的字、容易拆错的字及部分特殊字总表

一画

乙〔NNLL〕

二画

丁〔SGH〕　七〔AGN〕　九〔VTN〕　匕〔XTN〕　⼸〔NGD〕　了〔BNH〕

乃〔ETN〕　乜〔NNV〕

三画

三〔DGGG〕干〔FGGH〕于〔FHK〕　于〔GFK〕　亏〔FNV〕　才〔FTE〕

下〔GHI〕　丈〔DYI〕　与〔GNGD〕万〔DNV〕　上〔HHGG〕千〔TFK〕

乞〔TNB〕　川〔KTHH〕么〔TCU〕　久〔QYI〕　丸〔VYI〕　及〔EYI〕

亡〔YNV〕　丫〔YHK〕　义〔YQI〕　之〔PPPP〕已〔NNNN〕己〔NNGN〕

巳〔NNGN〕卫〔BGD〕　子〔BNHG〕孑〔BYI〕　也〔BNHN〕飞〔NUI〕

习〔NUD〕　乡〔XTE〕

四画

丰〔DHK〕　井〔FJK〕　开〔GAK〕　亓〔FJJ〕　夫〔FWI〕　天〔GDI〕

元〔FQB〕　无〔FQV〕　云〔FCU〕　专〔FNYI〕丏〔GHNV〕廿〔AGHG〕

五〔GGHG〕支〔FCU〕　卅〔GKK〕　不〔GII〕　牙〔AHTE〕屯〔GBNV〕

互〔GXGD〕中〔KHK〕　内〔MWI〕　午〔TFJ〕　壬〔TFD〕　升〔TAK〕

天〔TAK 〕 长〔TAYI〕 反〔RCI 〕 爻〔QQU 〕 乏〔TPI 〕 氏〔QAV 〕

丹〔MYD 〕 乌〔QNGD〕卞〔YHI 〕 为〔YLYI〕 尹〔VTE 〕 尺〔NYI 〕

丑〔NFD 〕 巴〔CNHN〕以〔CYWY〕予〔CBJ 〕 书〔NNHY〕贝〔MHNY〕

五画

末〔GSI 〕 未〔FII 〕 击〔FMK 〕 戈〔GGGT〕 正〔GHD 〕 甘〔AFD 〕

世〔ANV 〕 本〔SGD 〕 术〔SYI 〕 可〔SKD 〕 丙〔GMWI〕左〔DAF 〕

丕〔GIGF〕 右〔DKF 〕 布〔DMHJ〕戊〔DNYT〕 平〔GUHK〕东〔AII 〕

卡〔HHU 〕 北〔UX 〕 凸〔HGMG〕归〔JVG 〕 且〔EGD 〕 申〔JHK 〕

甲〔LHNH〕 由〔MHNG〕史〔KQI 〕 央〔MDI 〕 册〔MMGD〕冉〔MFD 〕

凹〔MMGD〕生〔TGD 〕 失〔RWI 〕 乍〔THFD〕 丘〔RGD 〕 斥〔RYI 〕

后〔RGBV〕 乎〔TUHK〕丛〔WWGF〕用〔ETNH〕 甩〔ENV 〕 氏〔QAYI〕

乐〔QII 〕 匆〔QRYI〕包〔QNV 〕 玄〔YXU 〕 兰〔UFF 〕 半〔UFK 〕

头〔UDI 〕 必〔NTE 〕 司〔NGKD〕民〔NAV 〕 弗〔XJK 〕 疋〔NHI 〕

出〔BMK 〕 丝〔XXGF〕

六画

戎〔ADE 〕 孝〔FTGN〕老〔FTXB〕亚〔GOGD〕 亘〔GJGF〕 吏〔GKQI〕

再〔GMFD〕 戍〔DGNT〕在〔DHFD〕百〔DJF 〕 而〔DMJJ〕成〔DYNT〕

死〔GQXB〕 成〔DNNT〕夹〔GUWI〕夷〔GXWI〕 尧〔ATGQ〕 至〔GCFF〕

乩〔HKNN〕 师〔JGMH〕曳〔JXE 〕 曲〔MAD 〕 网〔MQQ 〕 肉〔MWW 〕

年〔RHFK〕 朱〔RII 〕 丢〔TFCU〕乔〔TDJJ〕 乒〔RGTR〕 乓〔RGYU〕

向〔TMKD〕 凶〔TLQI〕后〔RGKD〕兆〔IQV 〕 舛〔QAHH〕产〔UTE 〕

关〔UDU 〕 州〔YTYH〕兴〔IW U〕农〔PEI 〕 尽〔NYUU〕丞〔BIGF〕

买〔NUDU〕

七画

戒〔AAK 〕 严〔GODR〕巫〔AWWI〕求〔FIYI〕 甫〔GEHY〕 更〔GJQI〕

束〔GKII〕 两〔GMWW〕丽〔GMYY〕来〔GOI 〕 芈〔GJGH〕 串〔KKHK〕

邑〔KCB 〕 我〔TRNT〕囱〔TLQI〕希〔QDMH〕 坐〔WWFF〕 龟〔QJNB〕

卵〔QYTY〕 岛〔QYNM〕兑〔UKQB〕弟〔UXHT〕 君〔VTKD〕

八画

奉〔DWFH〕 武〔GAHD〕表〔GEU 〕 者〔FTJF〕 其〔ADWU〕 直〔FHF 〕

丧〔FUEU〕 或〔AKGD〕事〔GKVH〕枣〔GMIU〕 卖〔FNUD〕 非〔DJDD〕

些〔HXFF〕 果〔JSI 〕 畅〔JHNR〕垂〔TGAF〕 乖〔TFUX〕 秉〔TGVI〕

奂〔VWI 〕 卑〔RTFJ〕阜〔WNNF〕乳〔EBNN〕 周〔MFKD〕 枭〔QYNS〕

氓〔YNNA〕 卷〔UDBB〕单〔UJFJ〕肃〔VIJK〕 隶〔VII 〕 承〔BDII 〕

丞〔BKCG〕

九画

奏〔DWGD〕 哉〔FAKD〕 甚〔ADWN〕 巷〔AWNB〕 柬〔GLII〕 咸〔DGKT〕
威〔DGV〕 歪〔GIGH〕 面〔DMJD〕 韭〔DJDG〕 临〔JTYJ〕 禺〔JMHY〕
幽〔XXMK〕 拜〔RDFH〕 重〔TGJF〕 禹〔TKMY〕 俎〔WWEG〕 胤〔TXEN〕
养〔UDYJ〕 叛〔UDRC〕 首〔UTHF〕 举〔IWFH〕 昼〔NYJG〕 咫〔NYKW〕
癸〔WGDU〕

十画

艳〔DHQC〕 袁〔FKEU〕 哥〔SKSK〕 鬲〔GKMH〕 孬〔GIVB〕 乘〔TUXV〕
鸟〔QOBX〕 玺〔QIGY〕 高〔YMKF〕 离〔YBMC〕 弱〔XUXU〕 哿〔LKSK〕
能〔CEXX〕

十一画

焉〔GHGO〕 黄〔AMWU〕 乾〔FJTN〕 啬〔GULK〕 戚〔DHIT〕 匏〔DFNN〕
爽〔DQQQ〕 匙〔JGHX〕 象〔QJEU〕 够〔QKQQ〕 馗〔VUTH〕 孰〔YBVY〕
兽〔ULGK〕 觇〔XJQC〕 餐〔VCMW〕

十二画

棘〔GMII〕 粠〔OGUI〕 辉〔OQPL〕 鼎〔HNDN〕 甥〔TGLL〕 黍〔TWIU〕
粤〔TLON〕 舒〔WFKB〕 就〔YIDN〕 啻〔IPTK〕 巯〔CAYQ〕 毚〔XGXX〕
越 (FHA)

十三画

鼓〔FKUC〕 赖〔GKIM〕 嗣〔KMAK〕 叠〔CCCG〕

十四画

嘉〔FKUK〕 截〔FWYY〕 赫〔FOFO〕 聚〔BCTI〕 斡〔FJWF〕 兢〔DQDQ〕
骰〔DNHC〕 臧〔DNDT〕 夥〔JSQQ〕 舞〔RLGH〕 毓〔TXGQ〕 辜〔TLFF〕
鼐〔EHNN〕 疑〔XTDH〕 孵〔QYTB〕 暨〔VCAG〕

十五画

虢〔FEHM〕 颐〔AHKM〕 靠〔TFKD〕 豳〔LLLN〕 豫〔CBQE〕 翰〔FJWN〕
噩〔GKKK〕 整〔GKIH〕 臻〔GCFT〕 冀〔UXLW〕 嬴〔YNKY〕

十七画

戴〔FALW〕 黝〔FFMK〕 糨〔OGUC〕 黏〔TWIK〕 爵〔ELVF〕 赢〔YNKY〕
馘〔UTHG〕 壕〔BDAN〕

十八画

馥〔TJTT〕 鞭〔UJFE〕

十九画

黼〔OGUY〕 爨〔IQFC〕 羸〔YNKY〕 蠃〔YNKY〕 疆〔XFGG〕
锤：〔QTGF〕 舞：〔RLGH〕 浅：〔IGT〕

参考文献

一、法律法规

[1]《中华人民共和国会计法》

[2]《会计基础工作规范》

[3]《现金管理暂行条例》

[4]《人民币银行结算账户管理办法》

[5]《支付结算办法》

[6]《中华人民共和国票据法》

二、参考书籍

[1] 杨印山. 会计基本技能. 北京：中国人民大学出版社，2010.

[2] 吕智娟. 会计基本技能. 长沙：中南大学出版社，2011.

[3] 孙明德，卢云峰. 会计基本技能. 北京：高等教育出版社，2009.

[4] 朱圻贤. 会计基本技能. 北京：经济科学出版社，2010.

[5] 朱群新. 会计基本技能实训. 苏州：苏州大学出版社，2010.

[6] 陈学玲，彭林君. 会计基本技能. 天津：天津教育出版社，2010.

[7] 方秀丽. 商业银行柜面操作技能. 杭州：浙江大学出版社，2010.

[8] 左卫青. 出纳实务. 北京：人民邮电出版社，2012.